TOEIC L&Rテスト
炎の千本ノック！
パート5語彙問題
860点レベル

中村澄子

*L&R means Listening and Reading.
TOEIC is a registered
trademark of Educational Testing Service(ETS).
This publication is not endorsed or approved by ETS.

祥伝社

# はじめに

東京駅のそば、八重洲で私が TOEIC 教室を始めて 20 年近く。累計 8 万人以上のビジネスパーソンを指導してきました。短期間で驚くほど点数がアップするのが特徴です。

2005 年からは、祥伝社から『千本ノック』シリーズ（前シリーズを含む）を毎年刊行しています。2018 年から新書サイズに変更し、タイトルも『炎の千本ノック』としました。累計で 100 万部を超えています。

私が TOEIC 公開テストを毎回受けるようになって 20 年が経ちます。以前に比べると、ビジネスで使える英文が非常に増えたと感じます。英単語も、ビジネスで使われるものが頻出しています。

毎回、受験生として参加しているので、そういった変化をリアルに感じています。そしてそれを、毎年の『千本ノック』シリーズに反映させています。

「千本ノックは出題傾向をしっかり押さえている」「似た問題がよく出る」と受験生、特に高スコアをたたき出している受験生からこのような評価をいただいているのは、執筆者である私が毎回受験して出題傾向を把握しているからだと思います。

TOEIC は 7 つのパートで構成されています。今のテストでは、パート 5 の出題の 5 割近くが、語彙問題とイディオム関連の問題です。

しかし、多くの受験者が行っているパート 5 対策は、文法問題だけ掲載している問題集を繰り返し解いているというのが実情です。それではパート 5 で成果は出せません。

では、語彙問題を正解するための対策として何が大事なのか。

語彙そのものを覚えること以外に、英文を読めるようになることが大事です。

　また、コロケーションを理解することも重要です。コロケーションとは「単語と単語のよく使われる組み合わせ、自然な語のつながり」のことです。空欄前後に置かれた単語との適切な組み合わせを感覚的に理解していなければ解けない場合が少なくありません。

　それ以外にも、ターゲットとなる空欄前後に少し難しめの語彙や表現が置かれていることや、空欄前後に少し難しめの文法構造が使われていることも多いです。つまり、空欄に入れる語彙だけを覚えていても正解できないのです。

　また、ひとつの単語には複数の品詞があり、複数の意味がある場合が多いのですが、ひとつの意味でしか覚えていない人や、単語をひとつの品詞としてしか覚えていない人も、少なくありません。

　本書にも登場しますが、空欄のヒント語として動詞の staff が使われていたりするのです。名詞としての staff しか知らなければ正解できません。

　ビジネス系の語彙の出題も増えてきました。ビジネスでは、大学受験用に覚えた意味とは別の意味で使われることも多いです。

　意外に見落とされがちですが、「過去に出題された語彙問題が何なのかを知る」ということも重要です。

　直近の過去問だけでなく、理想的には5年以上前、10年以上前に語彙問題として出題された語彙を把握することです。TOEIC では過去に出題された語彙問題が、再度出題されることが多いのです。

　そこで、過去にどういう語彙が出題されたのかを知っていただくのも高得点ゲットに必要だと考え、本書を作成しました。

　『千本ノック』シリーズでは、その時々で実際に出題された問題と傾向を反映させてきました。ですので、それらの膨大な問題の中

から語彙関連の問題だけを集めて1冊にまとめ直せば、学習者の語彙問題制覇の参考になるはずだと考えました。本書作成にあたり解説も全面的に書き直しました。

　本書の姉妹編である『1日1分！ TOEIC L&Rテスト　炎の千本ノック！パート5語彙問題700点レベル』を、昨年（2022年）11月に出版しました。

　実は、1冊の本として580問を収録する予定でしたが、ページ数の関係で2冊に分けることにし、1冊目を「700点レベル」、2冊目を「860点レベル」としました。

　本書のタイトルは「860点」ですが、語彙問題は、過去に出た問題がまた出ます。ですので、高得点を狙う人も着実に点数を出したい人も、合計580問すべてに目を通すことを強くお勧めします。

　ちなみに、TOEICのスコアはAからEの5つのレベルに分かれていて、一番上のAランクが860点です。本書はそれに合わせて、900点でもなく800点でもなく、「860点」としました。

　本書では、誤答の選択肢にも、過去に出題された語彙を使っています。英文中にも、過去に出題された語彙を埋め込んでいます。ですので、解いたらそれで終わりにするのではなく、問題文を通じて2〜3度読むことをお勧めします。それによって各語彙の使われ方のニュアンスを感覚で理解でき、コロケーションにも強くなります。

　本書が皆様のお役にたてばと願っています。

2023年2月
中村澄子

# Contents

編集協力 岩崎清華／土井内真紀／柳田恵子／ケネス佐川／ Mark Tofflemire ／渡邉淳

ブックデザイン 井上篤(100mm deisgn)

録音協力 英語教育協議会(ELEC) 山口良太／ Jack Merluzzi DTP キャップス

※本書の発音記号は、主に『ジーニアス英和辞典』(大修館書店)を参考にしています。

# この本の使い方

できたら〇、できなかったら×をつけましょう。繰り返し学習に便利です。

## 出題ページ(奇数ページ)

# 第 **1** 問

できたら…〇
できなかったら…×

**次の選択肢の中から正しいものを選びなさい。**

When readers renew a one-year subscription to Sports World Magazine, they ( ) receive a 30% discount off the regular retail price.

(A) routinely　　(B) customarily

(C) gradually　　(D) repeatedly

『千本ノック』『炎の千本ノック』シリーズ13冊から厳選した「語彙問題」です。全部で280問載っています。解いたら終わりではなく、2〜3度音読することをお勧めします。

定期購読

# 第 **2** 問

できたら…〇
できなかったら…×

**次の選択肢の中から正しいものを選びなさい。**

The lawyers at Davidson and Associates have ( ) the original contract in order to meet recent changes in national broadcasting laws.

warded　　(B) advanced

(C) enclosed　　(D) modified

1ページに2問載っています。

**単語の意味**

**contract**[kɑ́:ntrækt]…契約、契約書　**in order to** 〜…〜するために
**recent**[ríːsnt]…最近の、近ごろの　**broadcasting**[brɔ́:dkæstiŋ]…放送(の)

おさえておきたい重要単語です。巻末に索引を付けています。

この問題のオリジナルがどこに載っているか、紹介しています。詳しくは次ページをご参照ください。

めくると

解説ページ（偶数ページ）

▶第1問

**答え (B) customarily** （炎・第24問）

選択肢には副詞が並んでいます。they ( ) receive a 30%
discount off the regular retail price「彼ら（＝読者ら）は〜通
常販売価格の30パーセント引きになる」の「〜」部分にどの
副詞を入れれば、全体の意味が通るかを考えます。
(B) customarily「通例、習慣的に」であれば、文意が通ります。
(A) routinely「いつも決まって、定期的に」を選んだ人がいる
かもしれません。日本語訳だと似ていますが、routinely はニュ
アンスとしては「定期的に何かが行われる」という意味です。
Railway lines are routinely inspected for wear.「鉄道路線の劣
化状況は定期的に検査されて〜

**訳** 読者がスポーツ・ワールド・マ〜
　　　通常販売価格の30パーセント〜

正解をえらぶプロセスや間違えやすい箇所を「語彙問題」の観点から詳しく説明しています。

(A)いつも決まって、定期的に (C)徐々に (D)繰り返して

▶第2問

**答え (D) modified** （レッスン・1章第22問）

選択肢には動詞が並んでいます。この問題の場合、have ( )
と現在完了形になっています。The lawyers at Davidson and
Associates have ( ) the original contract「デイビッドソン・
アンド・アソシエイツの弁護士は元の契約書を〜」という箇所
の「〜」部分にどの動詞を入れれば全体の意味が通るかを考え
ます。
modify「〜を修正する、変更する」の過去分詞である (D)
modified を入れれば「元の契約書を修正した」となり、文意が
通ります。modify はビジネス関連のレポートなどでよく使わ
れる動詞です。名詞 modification「修正」を使った make a
modification という表現もパート5で出題されています。

**訳** デイビッドソン・アンド・アソシエイツの弁護士は、先ごろ施行された
　　　国内放送法の改正点に適合するよう、元の契約書の内容を修正しました。

(A)〜に報酬を与える (B)前進する (C)〜を同封する　の過去分詞

日本語訳を示しています。

正解以外の選択肢の日本語訳です。これらも過去に出題された語彙を使っています。

# 出題タイトル一覧

本書の問題は、
TOEICのベストセラー問題集
『千本ノック』『炎の千本ノック』シリーズ
13冊から厳選しています。
出題ページには略称を載せていますので、
このページではそれぞれの正式タイトルと
刊行年をまとめます。

# 第1問

次の選択肢の中から正しいものを選びなさい。

When readers renew a one-year subscription to Sports World Magazine, they (     ) receive a 30% discount off the regular retail price.

(A) routinely      (B) customarily

(C) gradually      (D) repeatedly

**単語の意味**

renew[rin(j)ú:]…~を更新する　subscription[səbskrípʃən]…定期購読
regular[régjələr]…正規の、定期的な　retail price…小売価格

# 第2問

次の選択肢の中から正しいものを選びなさい。

The lawyers at Davidson and Associates have (     ) the original contract in order to meet recent changes in national broadcasting laws.

(A) rewarded      (B) advanced

(C) enclosed      (D) modified

**単語の意味**

contract[ká:ntrækt]…契約、契約書　in order to ~…~するために
recent[rí:snt]…最近の、近ごろの　broadcasting[brɔ́:dkæstiŋ]…放送(の)

**答え** (B) customarily （炎・第24問）

選択肢には副詞が並んでいます。they (　　) receive a 30% discount off the regular retail price「彼ら（＝読者ら）は〜通常販売価格の30パーセント引きになる」の「〜」部分にどの副詞を入れれば、全体の意味が通るかを考えます。

(B) customarily「通例、習慣的に」であれば、文意が通ります。(A) routinely「いつも決まって、定期的に」を選んだ人がいるかもしれません。日本語訳だと似ていますが、routinely はニュアンスとしては「定期的に何かが行われる」という意味です。Railway lines are routinely inspected for wear.「鉄道路線の劣化状況は定期的に検査されています」のように用います。

**訳** 読者がスポーツ・ワールド・マガジンの1年購読を更新すると、ふつう、通常販売価格の30パーセント引きになります。

(A)いつも決まって、定期的に　(C)徐々に　(D)繰り返して

**答え** (D) modified （レッスン・1章第22問）

選択肢には動詞が並んでいます。この問題の場合、have (　　) と現在完了形になっています。The lawyers at Davidson and Associates have (　　) the original contract「デイビッドソン・アンド・アソシエイツの弁護士は元の契約書を〜」という箇所の「〜」部分にどの動詞を入れれば全体の意味が通るかを考えます。

modify「〜を修正する、変更する」の過去分詞である (D) modified を入れれば「元の契約書を修正した」となり、文意が通ります。modify はビジネス関連のレポートなどでよく使われる動詞です。名詞 modification「修正」を使った make a modification という表現もパート5で出題されています。

**訳** デイビッドソン・アンド・アソシエイツの弁護士は、先ごろ施行された国内放送法の改正点に適合するよう、元の契約書の内容を修正しました。

(A)〜に報酬を与える　(B)前進する　(C)〜を同封する　の過去分詞

# 第3問

次の選択肢の中から正しいものを選びなさい。

In the fund-raising meeting held this morning, there were only three attendees (　　).

(A) subsequently　(B) consecutively

(C) afterward　　(D) altogether

**単語の意味**

fund-raising…資金集めの、資金調達の　attendee[ətèndíː]…出席者、参列者

---

# 第4問

次の選択肢の中から正しいものを選びなさい。

While the president was on the business trip to the Middle East, political disturbances occurred, so he had to change his plans (　　).

(A) shortly　　(B) accordingly

(C) uniformly　(D) enthusiastically

**単語の意味**

business trip…出張　disturbance[dɪstɜ́ːrbəns]…騒動、騒乱
occur[əkɜ́ːr]…起こる、生じる

**答え** (D) altogether

(6・4章第10問)

選択肢には副詞が並んでいます。there were only three attendees (　　)「3人の出席者しか~いなかった」と言っています。文末の空欄「~」部分に入る副詞を選ばなければなりません。(D) altogether「全部で、総計で」であれば、文意が通ります。altogether は Altogether your purchase comes to $152.50.「お買い上げは全部で 152.50 ドルになります」のように文頭にも置くこともできます。

**文頭でも文末でも使われる副詞で、パート5ではどちらも出題されます。どの位置に置かれても正解できるようにしましょう。**

**訳** 今朝開かれた資金調達会議には、全部で3人しか出席者がいませんでした。

(A)その後　(B)連続して　(C)後で

**答え** (B) accordingly

(4・3章　第11問)

選択肢には副詞が並んでいます。2つ目のコンマの前までで、「社長が中東に出張している間に政変が起きた」と言っていて、コンマより後ろで so he had to change his plans (　　)「それで社長は~計画を変更しなければならなかった」と言っています。

この「~」部分に入れて英文の意味が通るのは、(B) accordingly「それに応じて、状況に応じて」しかありません。accordingly はこの英文のように**文末に置いて使うことが多い**ですが、文中に置いて使うこともできます。

**訳** 中東出張中に政変が起きたため、社長は状況に応じて計画を変更しなければなりませんでした。

(A)すぐに、まもなく　(C)一様に　(D)熱心に、熱烈に

第**5**問

できたら…○
できなかったら…×

次の選択肢の中から正しいものを選びなさい。

The seven-day paid vacation given to all employees with a work record of five years will be increased to ten days (　　) from January 1 next year.

(A) resulting　　(B) efficient

(C) originating　　(D) effective

 単語の意味

**paid vacation**…有給休暇　**employee**[emplɔ́ːiː]…従業員、社員

第**6**問

できたら…○
できなかったら…×

次の選択肢の中から正しいものを選びなさい。

The main theme of the upcoming meeting will be particularly (　　) to those involved in the merger of the two companies.

(A) subject　　(B) entitled

(C) relevant　　(D) dedicated

 単語の意味

**theme**[θíːm]…主題、テーマ　**upcoming**[ʌ́pkʌ̀miŋ]…来る、もうすぐやって来る
**particularly**[pərtíkjələrli]…特に、大いに　**(be) involved in** ～…～に従事する
**merger**[mə́ːrdər]…合併

**答え** (D) effective

(3・1章第9問)

選択肢には形容詞と形容詞の働きをする現在分詞形が並んでいます。空欄後の from January 1 next year「来年の1月1日から」は有給休暇延長の実施開始日だろうと推測できます。

**形容詞 (D) effective** は、「effective from + 日付」という形で「〜から有効な」の意味をもちます。制度・政策の変更や契約書などでよく使われる表現です。

effective を「効果的な」という意味でしか知らないという人が少なくありません。ビジネスでは from が省略された形の「effective+ 日付」で使われることが多く、この形でも出題されます。

**訳** 勤続5年の従業員全員に与えられる7日間の有給休暇が、来年1月1日をもって10日間に増やされます。

(A)(〜という)結果になる、(〜に)終わる (B)効率的な、有能な (C)「生じる、始まる」の現在分詞

**答え** (C) relevant

(難問・3章第9問)

この問題を解くには空欄後の代名詞 those の意味が理解できなければなりません。この those は「(〜する)人々」という意味です。また、those の後ろには who were が省略されています。(C) relevant を入れて be relevant to 〜「〜に関連がある」とすれば、「議題は合併に関わった人々に関連がある」となり、意味がつながります。be relevant to 〜はパート5以外、パート7の長文読解でも使われます。

不正解の選択肢を使った表現 be subject to 〜「〜を条件とする」、be entitled to 〜「〜する資格がある」、be dedicated to 〜「〜にささげられる」も全て出題されているので覚えておきましょう。

**訳** 今度の会議の主要議題は、両社の合併に関わった人々に特に関連あるものとなります。

(A)条件として (B)資格があって (D)ささげられる

# 第7問

次の選択肢の中から正しいものを選びなさい。

If your current password is no longer (    ), please contact the IT department.

(A) connected　　(B) varied

(C) durable　　(D) valid

**単語の意味**

**current**[ká:rənt]…現在の、今の　**no longer** ～…もはや～でない

# 第8問

次の選択肢の中から正しいものを選びなさい。

In order for the company to fulfill its objective of expanding overseas, it must first (    ) funds through the sale of underperforming divisions.

(A) invest　　(B) deposit

(C) reimburse　　(D) raise

**単語の意味**

**in order for ～ to** ……～が…するために　**fulfill**[fulfíl]…～を果たす、全うする
**objective**[əbdʒéktɪv]…目標、目的　**expand**[ɪkspǽnd]…～を拡大する
**overseas**[òuvərsíːz]…海外に、外国に　**fund**[fʌ́nd]…資金、資源
**through**[θrúː]…～を通じて　**underperforming**[ʌ́ndərpərfɔ́ːrmɪŋ]…標準以下の
**division**[dɪvíʒən]…部、課

**答え** (D) valid

(緑・1章第11問)

選択肢には形容詞が並んでいます。If your current password is no longer ( )「現在のパスワードがもはや〜でない場合」という箇所の「〜」部分にどの形容詞を入れれば全体の意味が通るかを考えます。

(D) valid「有効な」であれば、文意が通ります。valid はビジネスで頻繁に使われる単語です。逆の意味の invalid「無効な」も、リスニングセクションやパート7の長文で時々使われます。この英文でも no longer「もはや〜でない」がなければ、valid の代わりに invalid が使えます。invalid も一緒に覚えましょう。

訳 現在のパスワードがもはや有効でない場合、情報システム部に連絡してください。

(A)つながりがある、関連した　(B)多様な、変化に富んだ　(C)耐久性がある、丈夫な

**答え** (D) raise

(炎・8問)

選択肢には動詞が並んでいます。it must first ( ) funds through the sale of underperforming divisions「それ（＝その会社）は、まず不採算部門の売却を通し資金を〜しなければならない」の「〜」部分にどの動詞を入れれば全体の意味が通るかを考えます。

(D) raise「〜を調達する、集める」であれば、文意が通ります。raise funds で「資金を調達する」の意味です。raise は raise money「資金を集める」、raise concerns「懸念を引き起こす」、raise questions「問題を提起する」など、さまざまな場面で使われます。パート5では raise awareness「認識を高める」という表現で動詞 raise を問う問題が出題されたこともあります。

訳 その会社が海外展開という目標を達成するには、まず不採算部門の売却を通し資金を調達しなければなりません。

(A)〜を投資する　(B)〜を預金する、入金する　(C)〜を払い戻す

# 第9問

でできたら…○
できなかったら…×

次の選択肢の中から正しいものを選びなさい。

The company has an aggressive plan to expand its business across the country next year, so it has decided to raise funds by (　　) stock.

(A) investing     (B) issuing

(C) achieving     (D) renewing

**単語の意味**

**aggressive**[əgrésɪv]…積極的な　**expand**[ɪkspǽnd]…～を拡大する、拡張する
**across the country**…国中に、全国で　**raise funds**…資金を調達する
**stock**[stάːk]…株、株式

# 第10問

でできたら…○
できなかったら…×

次の選択肢の中から正しいものを選びなさい。

An official announcement of the acquisition is expected at Westman Industries' (　　) shareholders meeting.

(A) frequent     (B) limited

(C) preferable     (D) upcoming

**単語の意味**

**official**[əfíʃəl]…正式な、公式な　**acquisition**[ækwəzíʃən]…買収
**expect**[ɪkspékt]…～を予期する、予想する　**shareholders meeting**…株主総会

**答え** (B) issuing

（炎2・第124問）

この問題の場合、raise funds by ( ) stock 部分をチェックするだけで正解がわかります。空欄前に前置詞 by が置かれ、空欄後に目的語である stock が続いているので、空欄には動名詞が入ります。raise funds は「資金を調達する」という意味なので、資金を調達するための方法が by ( ) stock だと推測できます。by ( ) stock 部分は「株式を発行することによって」という意味になるはずです。したがって、正解は issue「～を発行する」の動名詞である (B) issuing です。

issue には動詞と名詞の両方の用法があり、名詞では「発行物、問題（点）」という意味になります。動詞、名詞ともに出題されます。

**訳** その会社は、来年全国的にビジネスを拡大する積極的な計画があるので、株式を発行することによって資金を調達することに決めました。

(A)～を投資する (C)～を達成する (D)～を更新する の動名詞

**答え** (D) upcoming

（パート5・150問）

選択肢には形容詞が並んでいます。at Westman Industries' ( ) shareholders meeting「ウェストマン・インダストリーズ社の～株主総会で」という箇所の「～」部分にどの形容詞を入れれば全体の意味が通るかを考えます。

(D) upcoming「もうすぐ行われる、きたる、今度の」であれば、文意が通ります。upcoming は upcoming merger「近く行われる合併」、upcoming meeting「もうすぐ行われる会議」、upcoming negotiation「もうすぐ行われる話し合い」などのように、ビジネス関連の英文でよく使われます。TOEIC ではパート5以外でも頻繁に使われます。

**訳** 買収の正式な発表は、ウェストマン・インダストリーズ社の近く開催される株主総会で行われる予定です。

(A)頻繁な (B)限られた (C)望ましい

# 第11問

次の選択肢の中から正しいものを選びなさい。

The company lawyers had to go through the (      ) process of getting approval from various bureaucratic offices for the construction of the new office building.

- (A) numerous
- (B) outstanding
- (C) dominant
- (D) lengthy

**単語の意味**

**lawyer**[lɔ́ɪər]…弁護士、法律家　**go through**…(過程)を経る、通過する
**process**[prɑ́ːses]…過程、経過　**approval**[əprúːvl]…承認、是認
**various**[véəriəs]…さまざまな、色々な
**bureaucratic**[bjúərəkrǽtɪk]…官僚的な、官僚主義的な

# 第12問

次の選択肢の中から正しいものを選びなさい。

(      ) tourists can enter the country more conveniently, ATS will issue a special card to those who apply and pass a security screening.

- (A) As far as
- (B) So that
- (C) Moreover
- (D) Now that

**単語の意味**

**conveniently**[kənvíːniəntli]…便利に、都合よく　**issue**[íʃuː]…〜を発行する、出す
**apply**[əplái]…申込む、申請する　**screening**[skríːnɪŋ]…審査、検査

答え (D) lengthy

選択肢には形容詞が並んでいます。The company lawyers had to go through the ( ) process「企業顧問弁護士らは〜過程を経なければならなかった」の「〜」部分にどの形容詞を入れれば全体の意味が通るかを考えます。

空欄直後の名詞 process「過程」がヒントになります。process を修飾することができ、全体の文意が通るのは、(D) lengthy「非常に長い、冗長な」しかありません。少し難しい単語ですが、形容詞 long「長い」や名詞 length「長さ」を知っていれば意味は推測できます。(A) numerous「多くの、数々の」は後ろに名詞の複数形が続くため、process は processes となるはずです。

訳 その企業顧問弁護士らは、新しい事務所ビルの建設に対して、さまざまな官庁から認可を取りつけるといった長期にわたる過程を経なければなりませんでした。

(A)多くの、数々の　(B)目立った、顕著な　(C)支配的な、有力な

答え (B) So that

副詞である (C) Moreover 以外は接続詞的に働く表現が並んでいます。文頭からコンマまでは節（= S + V を含むかたまり）です。したがって、空欄にくるのは節を導く接続詞的な表現である (A) (B) (D) のいずれかだとわかります。

( ) tourists can enter the country more conveniently「観光客がもっと便利に入国できる〜」という箇所の「〜」部分にどの表現を入れれば全体の意味が通るかを考えます。(B) の So that「〜するように、〜するために」を入れれば、文意が通ります。so that は「目的」を表す表現です。that 節中に can を用いて「〜できるように」という意味で使われることも多いです。

訳 観光客がもっと便利に入国できるように、セキュリティー審査に申請して通過した者に対し、ATS は特別なカードを発行します。

(A)〜する限り　(C)さらに　(D)今や〜なので

# 第13問

次の選択肢の中から正しいものを選びなさい。

Although there is a (　　) meeting scheduled for tomorrow morning, all employees who have appointments with clients will be excused.

(A) relevant　　(B) voluntary

(C) mandatory　　(D) prominent

### 単語の意味

**schedule**[skédʒuːl]…〜を予定に入れる　**employee**[emplɔ́ɪː]…従業員、会社員
**appointment**[əpɔ́ɪntmənt]…予約、約束
**excuse**[ɪkskjúːz]…〜を免除する、〜に退出を許す

# 第14問

できたら…○
できなかったら…×

次の選択肢の中から正しいものを選びなさい。

In order to (　　) complaints related to seating selection, the airline set up a page on its website to allow passengers to choose seats.

(A) distinguish　　(B) exclude

(C) resolve　　(D) dispose

### 単語の意味

**in order to 〜**…〜するために　**complaint**[kəmpléɪnt]…苦情、不平、不満
**(be) related to 〜**…〜に関連した、〜に関係ある　**set up 〜**…〜を設ける、設定する
**allow**[əláʊ]…〜を許可する、〜を認める、〜を可能にする
**passenger**[pǽsəndʒər]…乗客

答え (C) mandatory

選択肢には形容詞が並んでいます。Although there is a (　　) meeting scheduled for tomorrow morning「明日の朝に〜会議が予定されていますが」の「〜」部分にどの形容詞を入れれば全体の意味が通るかを考えます。

(C) mandatory「**命令の、強制的な**」であれば、文意が通ります。外資系企業などでは半ば日本語のように使われている単語です。このようにビジネスの現場で使われている単語の出題が増えています。

誤答である (A) relevant、(B) voluntary、(D) prominent も過去に語彙問題として出題されています。

訳 明日の朝に参加必須の会議が予定されていますが、クライアントとの予約がある従業員は全員出席が免除されます。

(A)関係[関連]のある　(B)自発的な、自由意志の　(D)目立った、卓越した

答え (C) resolve

選択肢には動詞が並んでいます。In order to (　　) complaints related to seating selection「座席の選択に関する苦情を〜ため」という箇所の「〜」部分にどの動詞を入れれば全体の意味が通るかを考えます。

(C) resolve「**(問題など) を解決する**」を入れれば、文意が通ります。空欄直後が complaints「苦情」なので、solve「〜を解く、〜を解決する」という単語を知っている人は正解を推測できるかもしれません。接頭辞 re- には「再び」「新たに」などの意味がありますが、resolve の場合は「完全に」という意味合いで用いられています。

訳 座席の選択に関する苦情を解決するため、その航空会社では同社のウェブサイト内に乗客が座席を選べるページを設けました。

(A)〜を見分ける　(B)〜を除外する　(D)〜を処分する

# 第15問

次の選択肢の中から正しいものを選びなさい。

David Carter's book offers a unique (      ) on the life of a Wall Street trader, as he had worked over twenty years in the stock market.

(A) perspective      (B) distinction

(C) gratitude      (D) coverage

**単語の意味**

offer[ɔ́ːfər]…～を提示する、～を与える   unique[ju(ː)níːk]…独特の、独自の
stock market…株式市場

# 第16問

次の選択肢の中から正しいものを選びなさい。

Only employees who are (      ) to operate machinery will be given pass codes to Building C at the Hamilton facility.

(A) indicated      (B) referred

(C) authorized      (D) devoted

**単語の意味**

employee[emplɔ́ɪiː]…従業員、被雇用者   operate[ɑ́ːpərèɪt]…～を運転する、操作する
machinery[məʃíːnəri]…機械、機械装置   facility[fəsíləti]…施設、設備

► **第 15 問**

> **答え** (A) perspective

（難問・2章第5問）

選択肢には名詞が並んでいます。David Carter's book offers a unique ( ) on the life of a Wall Street trader「デビッド・カーターの本はウォール街のトレーダーの生活に関して独特の〜を示している」という箇所の「〜」部分にどの名詞を入れれば全体の意味が通るかを考えます。

まず、(B) distinction と (C) gratitude では文意が通りません。残った (A) と (D) で迷うかもしれませんが、著者の経験から示すのは「観点、物の見方」なので、(A) perspective が正解です。

> **訳** 20年以上証券取引所で働いていたので、デビッド・カーターの本はウォール街のトレーダーの生活を独自の観点で描いています。

(B)区別　(C)感謝　(D)報道

► **第 16 問**

> **答え** (C) authorized

（緑・3章第23問）

選択肢には動詞が並んでいます。空欄直前に be 動詞の are があり、選択肢が全て過去分詞になっているので、この部分は受動態です。この英文の主語は Only employees で、動詞部分が will be given です。関係代名詞 who に続く are ( ) to operate machinery 部分は、先行詞である employees の説明をしている修飾語です。空欄前後は「機械を運転するための許可を与えられた従業員のみ」のような内容になると推測できます。

動詞 authorize「〜に許可を与える、権限を与える」の過去分詞形である (C) authorized が正解です。名詞 authority「権限」、the authorities の形で「当局」、authorization「権限を与えること」もパート5で出題されます。

> **訳** 機械の運転許可のある従業員にのみ、ハミルトン工場C棟への暗証番号が与えられます。

(A)〜を指し示す　(B)〜を参照する　(D)〜をささげる　の過去分詞

# 第**17**問

次の選択肢の中から正しいものを選びなさい。

Credit card holders are strongly encouraged to (　　) billing statements to ensure that all transactions are legitimate.

(A) inspect

(B) reimburse

(C) permit

(D) implement

**単語の意味**

**be encouraged to ～**…～することを勧められる
**billing statement**…請求書、請求明細書
**ensure**[enʃúər]…～を確かにする、保証する　**transaction**[trænsǽkʃən]…取引
**legitimate**[lɪdʒítəmət]…合法の、正当な、妥当な

# 第**18**問

次の選択肢の中から正しいものを選びなさい。

The high rates for medical treatment were (　　) affecting the health of pensioners who were avoiding medical treatment.

(A) adversely

(B) shortly

(C) fortunately

(D) thoroughly

**単語の意味**

**medical treatment**…治療　**affect**[əfékt]…～に影響する
**pensioner**[pénʃənər]…年金受給者　**avoid**[əvɔ́ɪd]…～を避ける

答え (A) inspect　　　　　　　　　　　　（パート5・第99問）

選択肢には動詞が並んでいます。are strongly encouraged to ( ) billing statements「請求明細書を～することを強く勧められる」という箇所の「～」部分にどの動詞を入れれば全体の意味が通るかを考えます。「チェックする」のような意味の動詞が入ると推測できます。すると、該当するのは (A) inspect「～を検査する、調査する」しかありません。

この問題が難しいのは、billing statements「請求明細書」が目的語に来ている点です。「請求［売上、給与］明細」などの内容やデータを検査する場合にも inspect が使われるのです。派生語の inspection「検査」と inspector「検査官」も出題されます。

訳　クレジットカードをお持ちの方は、全ての取引が妥当であることを確認するために、請求書明細書を検査することを強くお勧めします。

(B)～を払い戻す、返済する　(C)～を許可する、認める　(D)～を実行する、実施する

答え (A) adversely　　　　　　　　　　　（4・3章第14問）

選択肢には副詞が並んでいます。The high rates were ( ) affecting the health of pensioners who were avoiding medical treatment「（年金受給者が支払う）高い治療費が治療を受けようとしない年金生活者の健康に～影響を与えていた」と言っています。

「～」部分に入れて英文の意味が通るのは、(A) adversely「逆に、反対に」しかありません。

adversely affect「～に悪影響を与える、マイナスの影響を与える」という表現は経済関連の英文でよく使われます。

訳　高い治療費が治療を受けようとしない年金生活者の健康に悪影響を与えていました。

(B)すぐに、まもなく　(C)幸運にも　(D)徹底的に、入念に

# 第19問

次の選択肢の中から正しいものを選びなさい。

The human resources department evaluated employee (　　) and categorized everyone into five groups.

(A) performing     (B) perform

(C) performed     (D) performance

**単語の意味**

**human resources department**…人事部　**evaluate**[ɪvǽljuèɪt]…〜を評価する
**categorize**[kǽtɪɡəràɪz]…〜を分類する

---

# 第20問

次の選択肢の中から正しいものを選びなさい。

Office leases (　　) that employees must sign in at the security desk when entering and exiting the building after regular business hours.

(A) recruit     (B) display

(C) state     (D) deliver

**単語の意味**

**lease**[líːs]…賃貸契約書、賃貸契約　**sign in**…（名前などを）記帳する
**security desk**…警備窓口　**regular business hours**…通常の営業時間

**答え** (D) performance

(3・2章第20問)

空欄前までの文の動詞は evaluated です。したがって、employee (　　) 部分が目的語になるはずです。目的語になるのは、名詞もしくは名詞相当語句です。そのため、employee (　　) 部分は名詞の働きをするはずです。名詞である (D) performance「業績」を入れて employee performance「従業員の業績」とすれば、文意も通り、文法的にも適切です。名詞 employee が形容詞の働きをし、名詞の performance を修飾しています。2語以上の名詞が連結して働く場合、「複合名詞」と言います。

delivery person「配送員」、distribution channel「流通網」、security guard「警備員」なども複合名詞です。

**訳** 人事部は従業員の業績を評価し、全員を5つのグループに分類しました。

performの (A)現在分詞 (B)原形 (C)過去形・過去分詞

**答え** (C) state

(難問・1章第14問)

選択肢には動詞が並んでいます。Office leases (　　) that「事務所の賃貸契約は that 節以下と〜」の「〜」部分にどの動詞を入れれば全体の意味が通るかを考えます。

この問題に正解するには、主語である Office leases の lease という単語に「賃貸契約書」という意味があることを知らなければなりません。(C) state「〜と述べる、記載する」を入れれば、「契約書は that 節以下と述べている」とつながります。state には「(人が) 〜をはっきり言う」以外に、「(契約書などの書類に) 〜と書かれている」の意味合いがあることを知らなければ間違えます。

**訳** 事務所の賃貸契約によると、従業員は通常営業時間外に建物に出入りするときには警備窓口で記帳しなければいけません。

(A)(人材)を募集する、勧誘する (B)〜を表示する、陳列する (D)(意見などを)述べる、配達する

# 第21問

できたら…○
できなかったら…×

次の選択肢の中から正しいものを選びなさい。

Generally, German automobiles continue to (　　　) their value because of their popularity not only domestically but also in the international market.

(A) finance (B) retain

(C) restrain (D) stabilize

**単語の意味**

generally[dʒénərəli]…一般的に　value[vǽljuː]…価値
popularity[pὰːpjəlǽrəti]…人気　not only A but also B…AだけでなくBもまた

# 第22問

できたら…○
できなかったら…×

次の選択肢の中から正しいものを選びなさい。

Each employee was clearly instructed that under no circumstances are they allowed to remove computers from the (　　).

(A) faculty (B) decade

(C) premises (D) authority

**単語の意味**

employee[emplɔ́ɪiː]…従業員、会社員　instruct[ɪnstrʌ́kt]…～を指示する、指導する
circumstances[sə́ːrkəmstæ̀nsiz]…周囲の事情、状況、環境
remove[rɪmúːv]…～を持ち去る、取り去る

答 え (B) retain

(1・3章第32問)

選択肢には動詞が並んでいます。Generally, German automobiles continue to ( ) their value because of their popularity「一般的に、ドイツ車は人気があるため、その価値を〜し続けている」の「〜」にどの動詞を入れれば全体の意味が通るかを考えます。

popularity「人気」を理由にでき、かつ、their value「その価値」を目的語にできる動詞を探します。(B) retain「〜を保つ、保持する」であれば、文意が通ります。retain は keep と同じ意味です。

retain には「(社員) を抱えておく」の意味もあり、この意味でも出題されています。

訳 一般的に、ドイツ車は国内だけでなく国際的な市場でも人気があるため、その価値を保ち続けています。

(A)〜に資金を融通する (C)〜を抑制する (D)〜を安定させる

答 え (C) premises

(5・5章第20問)

選択肢には名詞が並んでいます。that 節以下の under no circumstances are they allowed to remove computers from the ( )「いかなる場合にも彼ら(=従業員)は〜からコンピュータを持ち出すことは許されない」の「〜」部分にどの名詞を入れれば全体の意味が通るかを考えます。

(C) premises「建物、構内、敷地」であれば、文意が通ります。なお、TOEIC では vacate the premises「敷地から退去する」という表現が使われることが多いので、覚えておきましょう。

訳 従業員はいかなる場合も社内からコンピュータを持ち出すことは許されないことを明確に指示されました。

(A)教授陣 (B)10年間 (D)権威、当局

# 第23問

次の選択肢の中から正しいものを選びなさい。

Because the vice-president always took time to listen to ideas and have conversation, she was admired by staff and customers (    ).

(A) alike  (B) though

(C) furthermore  (D) thereby

**単語の意味**

take time…時間を取る、時間をかける　conversation[kɑ̀:nvərséiʃən]…会話、対話
admire[ədmáiər]…〜を賞賛する、〜を褒める　customer[kʌ́stəmər]…顧客、取引先

# 第24問

次の選択肢の中から正しいものを選びなさい。

(    ) initial testing of the printer has been completed, the technical team will make necessary modifications.

(A) Now that  (B) Whether

(C) Only if  (D) Despite

**単語の意味**

initial[iníʃəl]…最初の、初めの　complete[kəmplí:t]…〜を完了する、完成させる、仕上げる
technical[téknikl]…技術の　make modifications…修正する、変更する

## 答え (A) alike

（レッスン・2章第16問）

選択肢には副詞が並んでいます。she was admired by staff and customers (　　)「彼女はスタッフと顧客から～大変好かれていた」という箇所の「～」部分にどの副詞を入れれば全体の意味が通るかを考えます。

「スタッフと顧客の両方から好かれていた」とすればいいのではと推測できます。(A) alike「同様に、等しく」を入れれば、文意が通ります。A and B alike「AとB同様に」は、both A and B と同じ意味です。文末に置く副詞を選ばせるような、少し高度な問題が近年増えています。

訳　副社長は常に人の意見を聞き、話し合うことに時間をかけていたので、彼女はスタッフからも顧客からも大変好かれていました。

(B)【副】(口語で)けれども、【接】～にもかかわらず　(C)その上に　(D)それによって

## 答え (A) Now that

（炎2・第24問）

空欄以降コンマまでも、コンマ以降も、ともに節（＝ S + V を含むかたまり）です。「節」と「節」を結ぶのは接続詞です。選択肢の中で接続詞の働きをするのは (A) Now that、(B) Whether、(C) Only if の3つです。(D) の Despite は前置詞なので、ここでは使えません。

3つの中でどれが正解かは、英文の意味を考えます。コンマ前後の2つの節を結んで文意が通るのは、(A) Now that「今や～なので」しかありません。

now that は少しフォーマルな英文で使われることが多く、パート7の長文読解の問題文でも使われます。

訳　プリンターの初期テストが完了したので、技術チームは必要な修正を加えます。

(B)～かどうか　(C)～の場合のみ　(D)～にもかかわらず

# 第25問

次の選択肢の中から正しいものを選びなさい。

( ) this year's increase in sales at Marin Furniture, it is obvious that its new marketing campaign was a big success.

(A) Nevertheless　(B) Along

(C) So that　(D) Given

**単語の意味**

increase in ～…～の増加　obvious[ά:bviəs]…明らかな、明白な

# 第26問

次の選択肢の中から正しいものを選びなさい。

In order to ( ) the Chinese market, the headquarters of the company is now hiring newly graduated Chinese university students.

(A) aim　(B) intend

(C) pursue　(D) progress

**単語の意味**

market[mά:rkət]…市場　headquarters[hédkwɔ̀:rtərz]…本社、本部
hire[háiər]…～を雇う

▶ 第 25 問

答え (D) Given

(緑・2章第1問)

選択肢には副詞、前置詞、接続詞的な働きをする表現が並んでいます。空欄直後の this year's increase からコンマまでが名詞句になっています。したがって、**空欄には名詞句の前に置ける前置詞が入ります**。(A) Nevertheless は副詞、(C) So that は接続詞の働きをします。したがって、正解は前置詞である (B) Along か (D) Given のどちらかだとわかります。

(D) Given 「**～を考えると、～を考慮に入れると**」であれば、文意が通ります。given は前置詞 considering と似ていて、この英文でも considering に置き換えて使うことができます。一方で、given も considering も接続詞的にも使われることも覚えておきましょう。その場合は後ろに「節」がきます。

訳 マリン家具店の今年の売上高が増加したことを考えれば、新しいマーケティングキャンペーンが大成功だったことは明らかです。

(A)それにもかかわらず　(B)～に沿って、～に従って　(C)～するように

▶ 第 26 問

答え (C) pursue

(4・1章第19問)

選択肢には動詞が並んでいます。In order to ( ) the Chinese market 「中国市場～するために」という箇所の「～」部分にどの動詞を入れれば全体の意味が通るかを考えます。

(C) pursue 「**～を追求する**」であれば、文意が通ります。pursue the market という表現はビジネス関連の英文で時々使われます。ビジネス文書を読み慣れている人であれば、In order to ( ) the Chinese market までを読んだだけで pursue を入れればいいとわかったはずです。なお、(A) aim は at がついていれば「～に狙いを定める」の意味となり、正解になりえます。

訳 中国市場への売り込みを進めるために、その会社の本社では現在、中国の大学の新卒者を採用しています。

(A)～を狙う　(B)～を意図する　(D)前進する

# 第27問

次の選択肢の中から正しいものを選びなさい。

A team of consultants was hired to find a (　　　) solution to the problem of an unusually high number of defects from the production line.

(A) capable
(B) viable
(C) limited
(D) collaborative

**単語の意味**

hire[háiər]…〜を雇用する、〜を雇う　solution[səlú:ʃən]…解決（策）
unusually[ʌnjú:ʒuəli]…異常に、著しく　defect[dí:fekt]…欠陥、不備、欠点
production line…生産ライン

# 第28問

次の選択肢の中から正しいものを選びなさい。

It is the manager's (　　　) to ensure that evaluations are submitted by May 31 so that they can be reviewed by the human resources department.

(A) permission
(B) expertise
(C) understanding
(D) responsibility

**単語の意味**

ensure[enʃúər]…〜を確かにする、確実にする　evaluation[ɪvæ̀ljuéɪʃn]…評価、評定
submit[səbmít]…〜を提出する　so that 〜 can ...…〜が...できるように
review[rɪvjú:]…〜を見直す、精査する　human resources department…人事部

答え　(B) viable

（レッスン・1 章第 20 問）

選択肢には形容詞と形容詞化した過去分詞が並んでいます。A team of consultants was hired to find a (　　) solution「〜解決策を探るために、コンサルタントチームが雇われた」の「〜」にどの単語を入れれば全体の意味が通るかを考えます。

(B) viable「実行可能な」であれば、文意が通ります。少し難しい単語ですが、ビジネス関連のレポートでは viable option [plan]「実行可能な選択肢［計画］」のような表現でよく使われます。過去に数度出題されている feasible「実行できる、実現可能な」と意味が似ています。

訳　その生産ラインで異常なほどの数の欠陥製品が発生した問題に対する実行可能な解決策を探るために、コンサルタントチームが雇われました。

(A)（人が）有能な　(C)限られた　(D)協力的な

答え　(D) responsibility

（炎・第 107 問）

選択肢には名詞が並んでいます。文頭の It は形式主語で、本当の主語は to 不定詞以下なので「to 以下はマネージャーの〜だ」の意味となります。この「〜」部分にどの名詞を入れれば、全体の意味が通るのかを考えます。

(D) responsibility「職務、職責」であれば「マネージャーの職務だ」となり、文意が通ります。responsibility には誰もが知っている「責任」という意味以外に、「職務、職責」という意味があります。パート 7 の読解問題でも、この意味での responsibility が頻繁に使われます。

類義語として duty「職務、任務、義務」があります。

訳　人事部が精査できるよう、5 月 31 日までに（人事）評価が提出されることを確認するのはマネージャーの職務です。

(A)許可　(B)専門知識　(C)理解

# 第29問

次の選択肢の中から正しいものを選びなさい。

Sales of the new line of wearable devices have been overwhelmingly successful, so the marketing campaign will (　　) move forward as planned.

(A) frequently    (B) properly

(C) therefore    (D) suitably

**単語の意味**

new line of ~…新商品の~　wearable[wéərəbl]…着用できる
device[dɪváɪs]…機器、装置　overwhelmingly[òuvərwélmɪŋli]…圧倒的に、徹底的に
move forward…前へ進む、前進する

# 第30問

次の選択肢の中から正しいものを選びなさい。

The approval of governmental subsidies was (　　) news for farmers who had not been prepared for crop failure caused by inclement weather.

(A) prominent    (B) motivated

(C) encouraging    (D) accomplished

**単語の意味**

approval[əprúːvl]…承認、是認　subsidy[sʌ́bsədi]…補助金、助成金
prepare for ~…~に備える、~に準備する　crop[krάːp]…農作物
inclement weather…悪天候

> **答え** (C) therefore

（炎 2・第 65 問）

選択肢には副詞が並んでいます。文頭からコンマまでは節（＝
S＋Vを含むかたまり）で「着用可能な機器の新製品の販売が
きわめて好調だ」と言っていて、接続詞の so「だから」に続
く節では「だからマーケティングキャンペーンは〜計画通り進
める」と言っています。「〜」に入れて文意が通るのは (C)
therefore「したがって、その結果」しかありません。
コンマ直後に置かれた接続詞 so と副詞 therefore は意味が似て
いますが、この英文のように両方を同じ文の中で使うことは珍
しくありません。

> **訳** 着用可能な機器の新製品の販売がきわめて好調なので、マーケティン
> グキャンペーンは計画通り進めます。

(A)しばしば　(B)適切に　(D)適切に

---

▶ **第 30 問**

> **答え** (C) encouraging

（7・1章第 23 問）

選択肢には形容詞や分詞が並んでいます。この問題の場合、
The approval of governmental subsidies was (　　) news for
farmers の部分を見るだけで正解を推測できます。
農家にとって、補助金の承認は「プラス」のニュースです。選
択肢の中で news の前に置けて、プラスの意味を表すのは (C)
encouraging「勇気付ける、励みになる」しかありません。
(B) motivated を選んだ人がいるかと思いますが、「ニュース
がやる気にさせられた」という意味になってしまいます。
motivating「意欲を高める」であれば、正解になります。

> **訳** 政府による補助金が承認されたことは、悪天候による不作に対して備
> えをしてこなかった農家にとっては、心強いニュースでした。

(A)目立った、卓越した　(B)やる気にさせられた　(D)熟達した

# 第31問

でき たら…○
できなかったら…×

次の選択肢の中から正しいものを選びなさい。

The young executive has devoted much time and effort to increasing sales and has achieved (　　) results.

(A) preceding　　(B) outstanding

(C) prestigious　　(D) exterior

**単語の意味**

devote[dɪvóut]…～をささげる、～に専念する

# 第32問

でき たら…○
できなかったら…×

次の選択肢の中から正しいものを選びなさい。

The company made long-term plans, but was unable to (　　) them due to a lack of qualified personnel.

(A) succeed　　(B) implement

(C) specify　　(D) dispatch

**単語の意味**

a lack of ～…～の不足、欠乏　　qualified[kwálǝfàɪd]…適任の、資格のある
personnel[pɜ̀ːrsǝnél]…人材

**答え** (B) outstanding

(2・4章第24問)

選択肢には形容詞が並んでいます。英文を読み慣れている人であれば、空欄前の achieved「達成した」と空欄後の results「成果」を見れば、一瞬で答えがわかります。(B) outstanding「優れた、目立った、卓越した」を入れれば、文意が通ります。類義語 exceptional「例外的な、特別に優れた」や remarkable「驚くべき、注目すべき」も重要単語で、ともに出題されています。In contrast to last quarter, sales were exceptional.「前四半期とは対照的に売り上げは桁外れでした」や The company's remarkable sales are a result of continuous training.「同社の驚くべき売り上げは継続的なトレーニングの結果です」のように用います。

**訳** その若い幹部社員は多くの時間と労力を投じて売上を上げ、目覚ましい成果をあげました。

(A)先立つ (C)名声のある、一流の (D)外側の

**答え** (B) implement

(2・3章第16問)

選択肢には動詞が並んでいます。The company made long-term plans, but was unable to (　　) them「その会社は長期計画を立てたが、それら（＝計画）を〜できなかった」の「〜」部分にどの動詞を入れれば全体の意味が通るかを考えます。(B) implement「〜を実行する」であれば、文意が通ります。implement はビジネスで頻繁に使う単語です。

名詞 implementation「実行」や類義語 execute「〜を実行する、遂行する」、類似表現 carry out 〜「〜を実行する」も覚えておきましょう。

**訳** その会社では長期計画を立てたが、能力のある人材が足りなかったため、それを実行に移すことができなかった。

(A)成功する、〜の後を継ぐ (C)〜を明確に述べる (D)〜を発送する、派遣する

# 第33問

次の選択肢の中から正しいものを選びなさい。

There were many new job (　　　) at the airline company because several new foreign routes had been added.

(A) agencies　　(B) dealings

(C) undertakings　　(D) openings

**単語の意味**

**several**[sévərəl]…いくつかの、数個の　**route**[rúːt]…路線、経路
**add**[ǽd]…～を加える、追加する

# 第34問

次の選択肢の中から正しいものを選びなさい。

An unexpected (　　　) of the research showed that working women under the age of 50 were three times better at coping with stress than their male counterparts.

(A) condition　　(B) status

(C) finding　　(D) belief

**単語の意味**

**unexpected**[ʌ̀nikspéktɪd]…予期しない、予想外の　**cope with**～…～に対処する
**male**[méɪl]…男性　**counterpart**[káuntərpɑ̀ːrt]…対応する人（物）、相手方

▶ 第 33 問

## 答え (D) openings

選択肢には名詞の複数形が並んでいます。There were many new job (　) at the airline company「その航空会社には多くの新しい仕事の～があった」という箇所の「～」部分にどの名詞を入れれば全体の意味が通るかを考えます。

because 以下で述べられている理由（＝国際線の路線追加）とつなげるためには、「新しい求人の口があった」とすればいいとわかります。したがって、正解は (D) openings「（仕事の）口」です。「仕事の口、就職口、欠員」のことを job opening と言います。job を省略して opening だけで使われることも多く、この形でも出題されています。

訳　新たに国際線の路線を追加したため、その航空会社には多くの新規求人枠がありました。

(A)代理店　(B)取引　(C)事業

▶ 第 34 問

## 答え (C) finding

（6・2章第19問）

選択肢には名詞が並んでいます。An unexpected (　) of the research「研究の予想外の～」の内容が接続詞の that 以降に示されています。that 以降では「50歳未満の働く女性は同じ年齢層の男性に比べて、ストレスの対処が3倍上手である」と書かれているので、「～」部分に入り、全体の意味が通るのは (C) finding「発見、（研究）結果」しかありません。

名詞 finding は、パート7の長文読解問題でも時々使われる単語です。ビジネスで使う少しフォーマルな語彙の出題が増えたせいか、パート7で使われてきた語彙のパート5での出題が増えています。

訳　その調査における意外な発見として、50歳未満の働く女性は同じ年齢層の男性に比べて、ストレスの対処が3倍上手であるというものがありました。

(A)状況、状態、条件　(B)状況、状態、地位　(D)信じること、確信

# 第35問

次の選択肢の中から正しいものを選びなさい。

(　　　) for travel expenses can be received at the administrative office provided that claims are accompanied by receipts.

(A) Reimbursement　　(B) Account

(C) Booking　　　　　　(D) Reward

### 単語の意味

**travel expenses**…出張費　**administrative office**…管理部、管理事務室
**provided that** ～…ただし～ならば、～という条件で
**claim**[kléɪm]…請求、要求、申し立て　**be accompanied by** ～…～が添付してある

# 第36問

次の選択肢の中から正しいものを選びなさい。

Please (　　　) three business days for one of the trained professionals at Taylor Tax Services to reply to questions sent by e-mail.

(A) remind　　　　(B) adjust

(C) allow　　　　　(D) regard

### 単語の意味

**business day**…営業日　**trained**[tréɪnd]…熟練した
**professional**[prəféʃənl]…専門家　**reply**[rɪpláɪ]…回答する、返事をする

**答え** (A) Reimbursement

(7・4章第2問)

選択肢には名詞が並んでいます。主語は (　　) for travel expenses「出張費の〜は」で、動詞部分が can be received です。「〜」部分にどの名詞を入れれば全体の意味が通るかを考えます。

(A) Reimbursement「（立て替えた経費などの）払い戻し」であれば、文意が通ります。reimbursement は会社で頻繁に使う単語で、繰り返し出題されています。**動詞の reimburse「〜に払い戻す」も出題されます**。

なお、refund は「（返品して戻ってくる）返金」という意味なので、違いに注意しましょう。

訳　出張費の払い戻しは、払戻請求書に領収書が添付してあれば管理部で受けとることができます。

(B)口座、会計　(C)予約　(D)報酬、褒美

**答え** (C) allow

(レッスン・1章第10問)

選択肢には動詞が並んでいます。Please (　　) three business days「3営業日〜してください」の「〜」部分にどの動詞を入れれば全体の意味が通るかを考えます。

「3営業日見てほしい」という意味になるのではと推測できます。空欄に入れて意味がつながるのは、(C) allow「（時間など）を見込む、見ておく」です。「allow + 時間 + for 人 + to do」で、「〈人〉が〜するのに〈時間〉を見ておく」の意味になります。allow A to B「A が B することを許可する［可能にする］」という表現はよく知られていますが、この問題文のような使い方は知らなかった人が多いかもしれません。

訳　メールで送信されたご質問に対しては、テイラー税務サービスの熟練した専門家から回答を差し上げるまで、3営業日お時間をちょうだいしております。

(A)〜に気付かせる　(B)〜を適合させる　(D)〜を（…だと）考える

# 第37問

次の選択肢の中から正しいものを選びなさい。

After extensive (          ), the committee decided to postpone a decision until facts could be further analyzed.

(A) resolution          (B) sophistication

(C) deliberation          (D) authorization

### 単語の意味

**extensive**[ɪksténsɪv]…広範囲に及ぶ、広い　**committee**[kəmíti]…委員会
**postpone**[poʊstpóʊn]…～を延期する　**fact**[fǽkt]…事実、真実
**further**[fə́ːrðər]…さらなる、より一層の　**analyze**[ǽnəlàɪz]…～を分析する

# 第38問

次の選択肢の中から正しいものを選びなさい。

Many conference attendees arrived late because of a traffic jam, which was (          ) caused by people leaving town for the holiday weekend.

(A) primarily          (B) consistently

(C) accordingly          (D) deliberately

### 単語の意味

**attendee**[ətèndíː]…出席者　**late**[léɪt]…遅れて、遅く　**traffic jam**…交通渋滞
**cause**[kɔ́ːz]…～を引き起こす、～の原因になる

答え (C) deliberation (難問・2章第17問)

選択肢には名詞が並んでいます。After extensive (　　)「広範な〜の末」という箇所の「〜」部分にどの名詞を入れれば全体の意味が通るかを考えます。

(C) deliberation「審議、熟考」であれば、意味がつながります。deliberation は after long deliberation「長い審議の後に」という表現で出題されることもあります。この long deliberation を少しフォーマルな似た意味で言い換えたのが extensive deliberation です。意味はほとんど同じです。

動詞 deliberate「〜を審議する、熟考する」も覚えておきましょう。

**訳** 広範な審議の末、さらなる事実関係の分析がなされるまで委員会は決定を先延ばしにしました。

(A)決断、解決　(B)洗練、精巧さ　(D)許可、承諾

答え (A) primarily (炎・第47問)

選択肢には副詞が並んでいます。Because of a traffic jam, which was (　　) caused by people leaving town for the holiday weekend「連休（祝日と週末が続く日程）で街から出る人々によって〜引き起こされた渋滞のため」という箇所の「〜」部分にどの副詞を入れれば全体の意味が通るかを考えます。

(A) primarily「主に、主として」であれば、文意が通ります。primarily と似た意味の副詞 mainly「主に、主として」も出題されます。primarily [mainly] because 〜 という表現を使っての出題もあります。形容詞 primary「最も重要な、主要な」も併せて覚えておきましょう。

**訳** 主に連休で街から出かけていく人々によって引き起こされた渋滞のため、会議の参加者の多くは到着が遅れました。

(B)一貫して、常に　(C)それに応じて、それに沿って　(D)意図的に、故意に

# 第39問

できたら…○
できなかったら…×

次の選択肢の中から正しいものを選びなさい。

The exact details of the proposed merger with Ace Electronics will be (　　) at the annual shareholders meeting in July.

(A) revealed　　(B) maintained

(C) sustained　　(D) resolved

### 単語の意味

exact[ɪgzǽkt]…正確な、的確な　details[díːteɪlz]…(複数形で)詳細
proposed[prəpóʊzd]…提案されている、〜案　merger[mɚ́ːrdʒər]…合併
annual[ǽnjuəl]…年次の、年に一度の　shareholders meeting…株主総会

# 第40問

できたら…○
できなかったら…×

次の選択肢の中から正しいものを選びなさい。

As of next week, all junior accountants will be dedicated (　　) to assisting clients who are trying to meet the March 31 tax deadline.

(A) formerly　　(B) conveniently

(C) exclusively　　(D) alternatively

### 単語の意味

as of 〜…〜以降は　be dedicated to 〜…〜に専念する、打ち込む
assist[əsíst]…〜を手伝う　try to 〜…〜しようと試みる
meet the deadline…締め切りに間に合わせる

**答え** (A) revealed

(炎2・第48問)

空欄部分は will be ( ) で受動態になっており、選択肢には過去分詞が並んでいます。主語が the exact details「正確な詳細」なので、reveal「〜を明らかにする」の過去分詞である (A) revealed を入れて be revealed と受動態にすれば、「正確な詳細が明らかにされる」となり、文意が通ります。

reveal はビジネス関連の英文でよく使われます。同じく「〜を明らかにする」という意味をもつ他動詞に disclose、uncover、unveil があります。

**訳** エース・エレクトロニクスとの合併案に関する正確な詳細は、7月の定時株主総会で明らかにされます。

(B)〜を維持する　(C)〜を持続する　(D)〜を解決する　の過去分詞

**答え** (C) exclusively

(パート5・120問)

選択肢には副詞が並んでいます。all junior accountants will be dedicated ( ) to assisting clients「全ての会計士補はクライアントをサポートすることに〜専念する」という箇所の「〜」部分にどの副詞を入れれば全体の意味が通るかを考えます。

(C) exclusively「全く〜のみ、もっぱら」であれば、文意が通ります。exclusively はビジネス関連の英文でよく使われるせいか、時々出題されます。**形容詞 exclusive「排他的な、独占的な」や動詞 exclude「〜を除外する、締め出す」も出題され**ています。なお、ex- は「外へ」を意味する接頭辞です。

**訳** 来週以降、全ての会計士補は、3月31日の納税期限に間に合わせようとしているクライアントをサポートすることだけに専念します。

(A)以前は、かつては　(B)都合よく、好都合に　(D)代わりに、もうひとつの方法として

# 第41問

次の選択肢の中から正しいものを選びなさい。

The (　　) of increased pedestrian traffic was the main reason that Elaine Fashions decided to relocate to East Gate Mall.

(A) dependence　　(B) prospect
(C) transition　　(D) exposure

**単語の意味**

**increased**[ɪnkríːst]…増加した、増大した　**pedestrian traffic**…歩行者数、通行者の往来　**relocate**[riːlóukeɪt]…移転する、転居する

# 第42問

次の選択肢の中から正しいものを選びなさい。

The accounting department is changing many of its procedures in (　　) with the new tax laws which will go into effect next year.

(A) addition　　(B) contrast
(C) accordance　　(D) reference

**単語の意味**

**accounting department**…経理部　**procedure(s)**[prəsíːdʒər]…手順、手続き
**go into effect**…施行される、実施される

▶ 第 41 問

**答え** (B) prospect

（緑・4 章第 17 問）

選択肢には名詞が並んでいます。The (　　) of increased pedestrian traffic was the main reason「歩行者数の増加についての〜が主な理由だ」という箇所の「〜」部分にどの名詞を入れれば全体の意味が通るかを考えます。

(B) prospect「見通し、見込み、予想」であれば、文意が通ります。prospect は少しフォーマルな英文でよく使われる単語です。ビジネス文書でも頻繁に使われます。

形容詞 prospective「見込みの」を使った表現 prospective customer [client]「見込み客」も他のパートでよく使われます。

**訳** エレイン・ファッションズは主に、歩行者数が増加するという見通しからイースト・ゲート・モールに移転することに決めました。

(A)依存　(C)推移、変遷　(D)さらすこと、露出

▶ 第 42 問

**答え** (C) accordance

（6・4 章第 21 問）

選択肢には名詞が並んでいます。in (　　) with the new tax laws「新しい税法に〜であることができるように」という箇所の「〜」部分にどの名詞を入れれば全体の意味が通るかを考えます。

(C) accordance を入れ、群前置詞 in accordance with「〜に従って、〜の通りに」とすれば、文意が通ります。

(A) は in addition to「〜に加えて」と、to が続きます。(D) も with reference to「〜に関して」と to が続きますが、reference の前にくるのは with です。(B) は in contrast to [with]「〜と対照的に」と to も with も続けられますが、文意が通りません。

**訳** 来年施行される新しい税法に則ることができるように、経理部は手続きを変更しています。

(A)追加　(B)対照、対比　(D)参照、言及

# 第43問

できたら…○
できなかったら…×

次の選択肢の中から正しいものを選びなさい。

In less than two years after completing major changes to its retail outlets around the country, store-based (    ) increased by 28%.

(A) reimbursement     (B) revenue

(C) purpose           (D) debt

**単語の意味**

less than ～…～未満の、～に満たない   complete[kəmplíːt]…～を完了する、終える
retail outlet…小売店

# 第44問

できたら…○
できなかったら…×

次の選択肢の中から正しいものを選びなさい。

Renovations to the community center are not (      ) finished, but plans to host the book fair event will go ahead as originally scheduled.

(A) ever      (B) even

(C) seldom    (D) quite

**単語の意味**

renovation[rènəvéiʃən]…改築、修復   host[hóust]…～を主催する   go ahead…
(仕事を)続ける、先に進める   as originally scheduled…当初の予定通り

**答え** (B) revenue

(6・5章第 12 問)

選択肢には名詞が並んでいます。store-based (　　) increased by 28%「実店舗の〜は 28 パーセント伸びた」の「〜」部分にどの名詞を入れれば全体の意味が通るかを考えます。

(B) revenue「(総) 収入、(総) 収益」であれば、文意が通ります。ビジネス関連の英文を読み慣れている人であれば、store-based (　　) increased 部分をチェックするだけで正解できます。revenue は会計レポートなどで頻繁に使われ、TOEIC でも何度か出題されている単語です。

tax revenue「税収」という表現も覚えておきましょう。

> **訳** 国内販売店の大規模改装完了後 2 年足らずのうちに、実店舗の売上は 28 パーセント伸びました。

(A)払い戻し　(C)目的　(D)負債

---

**答え** (D) quite

(難問・1章第 20 問)

選択肢には副詞が並んでいます。Renovations to the community center are not (　　) finished「コミュニティセンターの改築は〜終わってはいない」の「〜」部分にどの副詞を入れれば全体の意味が通るかを考えます。

(D) quite が正解です。not quite で「完全には〜ではない」という部分否定の意味になります。are not quite finished で「完全に終わったわけではない」となり、文意が通ります。

"Not quite." という表現は英会話でもよく使われます。直訳すると「全くその通りではない」という意味で、「そうではない」と言いたいときの婉曲表現として使われています。

> **訳** コミュニティセンターの改築は完全に終わったわけではありませんが、ブックフェアーを開催する計画は当初の予定通り進めます。

(A)これまでに　(B)〜でさえ　(C)ほとんど〜ない

# 第45問

次の選択肢の中から正しいものを選びなさい。

Those in the company who (    ) demonstrate a willingness to put responsibilities ahead of their personal life tend to be promoted faster.

(A) solely (B) fairly

(C) accordingly (D) consistently

### 単語の意味

**demonstrate**[démənstrèɪt]…～をはっきり示す、明示する **willingness**[wílɪŋnəs]…(～する)気持ち、意欲 **responsibility**[rɪspɑ̀:nsəbíləti]…職責、責任
**ahead of** ～…～より先に、～より前に
**tend to** ～…～する傾向がある、～しがちである **promote**[prəmóʊt]…～を昇進させる

# 第46問

次の選択肢の中から正しいものを選びなさい。

(    ) the successful launch of its new line of protein drinks, Hartman Health is planning to introduce several frozen food products.

(A) Beyond (B) Along

(C) Across (D) Following

### 単語の意味

**launch**[lɔ́:ntʃ]…発売、立ち上げ **new line of** ～…新シリーズの～
**introduce**[ìntrəd(j)ú:s]…～を売り出す、発売する **frozen**[fróʊzn]…冷凍の
**food product**…食品

**答え** (D) consistently

（炎・第 49 問）

選択肢には副詞が並んでいます。Those in the company who
(　　　) demonstrate a willingness「自発性を〜示す社員」の
「〜」部分にどの副詞を入れれば全体の意味が通るかを考えま
す。(D) consistently「**常に、一貫して**」であれば、文意が通
ります。形容詞 consistent「首尾一貫した、安定した」や名詞
consistency「一貫性」も覚えておきましょう。

(A) の solely は、The president is solely responsible for business
operations.「社長が単独で事業運営についての全責任を負いま
す」のように「単独で」や「もっぱら」の意味で使います。

**訳** 進んで私生活より職責を優先する気持ちを常に示す社員は、昇進が早
い傾向にあります。

(A)単独で、もっぱら　(B)公平に、適正に　(C)それに応じて、それ相応に

**答え** (D) Following

（パート 5・第 21 問）

選択肢には前置詞が並んでいます。どの前置詞を入れれば英文
の意味が通るかを考えます。(D) Following「**〜に続いて、〜
の後に**」であれば、「新シリーズの発売成功に続き」となり、
文意が通ります。

following には形容詞としての用法もあります。「**the following
＋名詞**」の形で、「次に来る〜」や「下記の〜」の意味になり
ます。例えば、the following year「その翌年」や the following
address「下記の住所」のように使います。形容詞の following
を問う問題も出題されますので、併せて押さえておきましょう。

**訳** プロテイン飲料の新シリーズの発売成功に続き、ハートマン・ヘルス
ではいくつかの冷凍食品の導入を検討しています。

(A)〜を越えて　(B)〜に沿って　(C)〜を横切って

# 第47問

次の選択肢の中から正しいものを選びなさい。

Based on the updates to company policies, (      ) is required from a senior manager before booking any overseas business travel.

(A) preview (B) access

(C) minimization (D) authorization

---

**単語の意味**

based on ~…~に基づき　update[ʌ̀pdéɪt]…更新
company policy…会社方針　require[rɪkwáɪər]…~を求める、要求する
senior manager…上級管理者　overseas business travel…海外出張

---

# 第48問

次の選択肢の中から正しいものを選びなさい。

Employees are allowed to use any computer they like, but all devices must be (      ) with all of the software used by the company.

(A) familiar (B) renowned

(C) compatible (D) demonstrated

---

**単語の意味**

employee[èmplɔ́ɪiː]…従業員、会社員
allow[əláʊ]…(…が~するのを)許可する、認める　device[dɪváɪs]…機器、装置

**答え** (D) authorization

(パート 5・第 126 問)

選択肢には名詞が並んでいます。(　　) is required from a senior manager「上級管理者の〜が必要となる」という箇所の「〜」部分にどの名詞を入れれば全体の意味が通るかを考えます

(D) authorization「許可、承認」であれば、文意が通ります。authorization には「権限を与えること、権限付与」という意味もあります。

**動詞 authorize「〜に権限を与える、許可を与える」や名詞 authority「(職務) 権限、職権」や authorities「当局、当局者」を問う問題も出題されています。**

**訳** 会社方針の更新に基づき、海外出張の場合は予約前に上級管理者の許可が必要となります。

(A)下見、試写　(B)アクセス、接近　(C)最小化

**答え** (C) compatible

(炎・第 82 問)

選択肢には形容詞と形容詞の働きをする過去分詞が並んでいます。but に続く節 all devices must be (　　) with all of the software「全ての機器は全ソフトウエアと〜でなければならない」の「〜」部分にどの単語を入れれば全体の意味が通るかを考えます。

空欄前が be 動詞、空欄後が前置詞 with です。ここから正解は (A) familiar「精通している」か (C) compatible「互換性のある」のどちらかだとわかります。but に続く節の主語が all devices と「人」ではないので familiar は使えません。(C) compatible であれば文意が通ります。be compatible with 〜は「〜と互換性がある、〜に適合する」の意味で使われます。

**訳** 従業員は自分の好きなコンピューターを使うことができますが、全ての機器は会社で使用される全ソフトウエアと互換性がなければなりません。

(A)精通している　(B)名高い　(D)証明された

# 第49問

次の選択肢の中から正しいものを選びなさい。

The spokesperson thanked attendees (　　) the organizer for making the fifth annual medical conference such a great success.

(A) in exchange for　(B) with regard to

(C) on behalf of　(D) at the expense of

### 単語の意味

**spokesperson**[spóʊkspə̀ːrsn]…広報担当者　**attendee**[ətèndíː]…出席者
**organizer**[ɔ́ːrgənàɪzər]…主催者、事務局

# 第50問

次の選択肢の中から正しいものを選びなさい。

Crown Beverage's report revealed that its debt has decreased over the past three years and profits have risen (　) during the same period.

(A) definitely　(B) previously

(C) steadily　(D) timely

### 単語の意味

**reveal**[rɪvíːl]…～を明らかにする、示す　**debt**[dét]…債務、負債
**decrease**[dìːkríːs]…減少する　**profit**[prάːfət]…利益、収益

▶ **第49問**

> **答え** (C) on behalf of                    (炎2・第42問)

選択肢にはさまざまなイディオムが並んでいます。The spokesperson thanked attendees (　) the organizer「広報担当は主催者〜出席者に謝意を述べた」の「〜」部分にどの表現を入れれば全体の意味が通るかを考えます。

(C) on behalf of「〜を代表して」であれば、文意が通ります。**on behalf of は「〜を代表して、〜の代わりに、〜の代理で」という意味のビジネス必須イディオムです。**TOEICテストでは「〜を代表して」という意味で出題されることが大半です。on behalf of the company「会社を代表して」のように会議などでの冒頭のあいさつで頻繁に使われます。

> **訳** 第5回年次医療会議が大成功を収められたことに対し、広報担当は主催者を代表して出席者に謝意を述べました。

(A)〜と交換に　(B)〜に関しては　(D)〜を犠牲にして

▶ **第50問**

> **答え** (C) steadily                    (6・3章第13問)

選択肢は副詞が並んでいます。クラウン・ビバレッジ社の会計報告書が示した内容が、接続詞 that 以下に書かれています。その内容を読むと profits have risen (　) during the same period「収益は同時期に〜増加した」とあります。この箇所の「〜」部分にどの副詞を入れれば全体の意味が通るかを考えます。

(C) steadily「着実に、堅実に」を入れれば、「収益は着実に増加した」となり、文意が通ります。**形容詞 steady「着実な、堅実な」**も出題されるので一緒に覚えておきましょう。Business is expected to remain steady throughout the year.「事業は年間を通じ安定したままだと思われます」のように用います。

> **訳** クラウン・ビバレッジ社の報告書には、同社の負債額が過去3年間で減少し、同時期に収益は増加の一途をたどってきたことが示されていました。

(A)明確に、はっきりと　(B)以前に、前もって　(D)間に合って、時宜を得て

# 第51問

次の選択肢の中から正しいものを選びなさい。

When the board of directors was presented with a plan to build a factory in India, it showed only (　　) enthusiasm, so the plan was abandoned.

(A) reliable

(B) prompt

(C) relevant

(D) moderate

**単語の意味**

**board of directors**…取締役会　**present**[préznt]…～を提案する
**enthusiasm**[enθú(j)úːziæzm]…熱意、情熱
**abandon**[əbǽndən]…～をあきらめる、断念する

# 第52問

次の選択肢の中から正しいものを選びなさい。

Although guests are allowed to (　　) the museum on their own, many visitors feel that guided tours are much more interesting.

(A) explore

(B) perceive

(C) validate

(D) undertake

**単語の意味**

**be allowed to ~**…～することを許される、～してもよい
**on one's own**…自分の力で、自分で
**guided tour**…ガイド付きツアー　**interesting**[íntərəstin]…面白い、興味深い

答え (D) moderate

(3・3章第25問)

選択肢には形容詞が並んでいます。it showed only (　　)
enthusiasm, so the plan was abandoned「〜な熱意しか示さな
かったので同計画は却下された」の「〜」部分にどの形容詞を
入れれば全体の意味が通るかを考えます。

空欄には「わずかな」というような意味の単語が入るのではな
いかと推測できます。(D) moderate「中程度の、控えめな」で
あれば、文意が通ります。

動詞 moderate「〜を和らげる」や副詞 moderately「適度に、
ほどよく」も覚えておきましょう。

訳 インドに工場を建設するという計画が取締役会に提出されましたが、
その際、さほど強い意気込みは感じられなかったため、同計画は却下
されました。

(A)信頼できる　(B)迅速な　(C)関係のある

答え (A) explore

(緑・2章第21問)

選択肢には動詞が並んでいます。Although guests are allowed
to (　　) the museum on their own「来場者は自分たちで館内
を〜することもできるが」という箇所の「〜」部分にどの動詞
を入れれば全体の意味が通るかを考えます。

館内を「見る」というような内容になるのではないかと推測で
きます。(A) explore「〜を探索する」を入れれば「館内を見
て回る」という意味になり、文意が通ります。explore は「〜
を探求する、〜を調べる」という意味で使われることも多いで
す。

explore はパート5以外でも、美術館で絵画などを見て回ると
いう意味でよく使われます。

訳 来場者は自分たちで館内を見て回ることもできますが、多くの見学者
はガイドツアーの方がはるかに面白いと感じています。

(B)〜に気づく　(C)〜を有効にする　(D)〜を引き受ける

# 第53問

次の選択肢の中から正しいものを選びなさい。

Delray's comprehensive maintenance agreements ( ) against frequent replacement of costly machine parts.

(A) compromise (B) evaluate

(C) extend (D) guard

### 単語の意味

**comprehensive**[kà:mprɪhénsɪv]…包括的な、総合的な
**maintenance**[méɪntənəns]…維持、保守（管理）　**agreement**[əgríːmənt]…契約、合意
**frequent**[fríːkwənt]…頻繁に起こる、たびたびの　**replacement**[rɪpléɪsmənt]…交換、交換品　**costly**[kɔ́ːstli]…高価な、値段の高い　**part**[pάːrt]…部品、パーツ

# 第54問

できたら…○
できなかったら…×

次の選択肢の中から正しいものを選びなさい。

Once it has been determined that the project is ( ), a formal proposal will be drafted and submitted to the board.

(A) available (B) conditional

(C) sustainable (D) qualified

### 単語の意味

**once**[wʌ́ns]…いったん～すると　**determine**[dɪtə́ːrmən]…～を判断する、決定する
**proposal**[prəpóʊzl]…提案書、提案　**draft**[drǽft]…～を作成する、（下書き）を書く
**submit**[səbmít]…～を提出する　**board**[bɔ́ːrd]…理事会、取締役会、掲示板

**答え** (D) guard

(炎 2・第 110 問)

選択肢には動詞が並んでいます。空欄後に目的語が続いていないので、空欄には自動詞が入ると考えられます。選択肢のそれぞれに、自動詞と他動詞、両方の用法があります

空欄前が maintenance agreements「メンテナンス契約」で、空欄後が against frequent replacement of costly machine parts「高額な機械部品の頻繁な交換に対して」です。**前置詞 against「〜に対抗して」がヒントになります。**「高額な機械部品の頻繁な交換を防ぐ」のような意味になるのではと推測できます。そのような意味になるのは (D) **guard**「守る、保護する」だけです。guard against で「〜に対して守る」という意味になります。

**訳** デルレイの総合メンテナンス契約で高額な機械部品を頻繁に交換するのを防ぎます。

(A)妥協する (B)〜を評価する (C)[自]伸びる、広がる[他]〜を延長する、伸ばす

**答え** (C) sustainable

(炎 2・第 25 問)

選択肢には形容詞が並んでいます。Once it has been determined that the project is (　　)「いったんプロジェクトが〜であると判断されると」の「〜」部分にどの形容詞を入れれば全体の意味が通るかを考えます。(C) **sustainable**「**持続可能な**」であれば、文意が通ります。sustainable growth「持続可能な成長」や sustainable system「持続可能な制度」のようにビジネス関連の英文ではよく使われますし、半ば日本語としても使われています。

動詞 sustain「〜を持続させる」と名詞 sustainability「持続可能性」も覚えておきましょう。

**訳** プロジェクトが持続可能であると判断されると、正式な提案書が作成され、理事会に提出されます。

(A)利用可能な (B)条件付きの (D)適任の、資格を有する

# 第**55**問

次の選択肢の中から正しいものを選びなさい。

Writing a (　　) business plan is one of the important issues that will be taught at the workshop scheduled for next week.

(A) challenging　　(B) modest

(C) persuasive　　(D) various

#### 単語の意味

**business plan**…事業計画　**issue**[íʃuː]…問題、課題
**workshop**[wə́ːrkʃàːp]…ワークショップ、研修会

# 第**56**問

次の選択肢の中から正しいものを選びなさい。

Although Horizon Inc. has been a strong (　　) in recent years, a sluggish economy caused it to struggle when it first began operation a decade ago.

(A) speculation　　(B) performer

(C) agreement　　(D) contribution

#### 単語の意味

**although**[ɔːlðóu]…～だけれども、たとえ～でも　**recent**[ríːsnt]…最近の、近ごろの
**sluggish**[slʌ́giʃ]…不景気な、不活発な、業績不振の
**cause**[kɔ́ːz]…(人・物に)～させる、～を引き起こす
**struggle**[strʌ́gl]…苦労して進む、もがく　**decade**[dékeɪd]…10年間

**答 え** (C) persuasive

(緑・4章第19問)

選択肢には形容詞が並んでいます。Writing a (  ) business plan is one of the important issues「～事業計画を書くことは重要課題のひとつだ」という箇所の「～」部分にどの形容詞を入れれば全体の意味が通るかを考えます。

(C) persuasive「説得力のある」であれば persuasive business plan で「説得力のある事業計画」となり、文意が通ります。動詞の persuade「～を説得する」の意味を知っていれば、persuasive の意味は推測できるはずです。(D) various を選んだ人もいるかと思いますが、various は後ろに複数名詞が続かなければならず、空欄直前の冠詞 a は一緒に使えません。

**訳** 説得力のある事業計画の書き方は、来週予定されているワークショップで取り上げられる重要課題のひとつです。

(A)やりがいのある、手腕を問われる　(B)適度の、控えめな　(D)さまざまな

**答 え** (B) performer

(レッスン・2章第21問)

選択肢には名詞が並んでいます。Although Horizon Inc. has been a strong (  ) in recent years「ホライゾン社は近年強力な～だが」の「～」部分にどの名詞を入れれば全体の意味が通るかを考えます。(B) performer「実行者、業績を上げる人[組織]」であれば、文意が通ります。

この問題が難しいのは performer から連想するのは「演奏者、役者」など「人」を表すもので、「企業」を表す際に使えるとは知らず、間違いとして消去してしまいがちなことです。動詞 perform には「(仕事など)を行う」の意味もあります。performer = perform する人[組織]と考えれば正解できます。

**訳** ホライゾン社は近年業績が好調ですが、10年前に創業した際には、不景気により苦難の道を歩んでいました。

(A)推測、熟考　(C)合意、同意　(D)貢献、寄付

# 第57問

次の選択肢の中から正しいものを選びなさい。

The purpose of the school's special athletic program is to (　　) handicapped children to sports that they may not have had the chance to play.

(A) reveal　　(B) contact

(C) appeal　　(D) expose

**単語の意味**

**purpose**[pə́:rpəs]…目的、目標　**athletic**[æθlétɪk]…運動競技の、運動用の
**handicapped**[hǽndikæpt]…身体(的)障害のある

# 第58問

次の選択肢の中から正しいものを選びなさい。

When the man complained about the inadequate services of the hotel's business center, he was given (　　) vouchers to be used for his next stay.

(A) comprehensive　　(B) promising

(C) complimentary　　(D) consistent

**単語の意味**

**complain**[kəmpléɪn]…不満を言う、文句を言う
**inadequate**[ɪnǽdəkwət]…不適切な、不適当な

**答え** (D) expose

(7・3章第25問)

選択肢には動詞が並んでいます。主語は The purpose of the school's special athletic program「その学校の特別運動プログラムの目的」で、動詞 is の後ろに不定詞が続いています。不定詞 to 以下は C（補語）になります。

to ( ) handicapped children to sports「障害を持つ子どもたちをスポーツに〜させること」の「〜」部分にどの動詞を入れれば全体の意味が通るかを考えます。(D) expose「〜を触れさせる、〜をさらす」を入れれば expose A to B「A を B に触れさせる、A を B にさらす」という表現になり、文意も通ります。名詞は exposure「さらすこと、露出」です。

**訳** その学校の特別運動プログラムの目的は、障害を持つ子どもたちにそれまで参加する機会がなかったであろうスポーツを体験させることです。

(A)〜を明らかにする　(B)〜と連絡をとる　(C)懇願する、訴える

**答え** (C) complimentary

(4・4章第19問)

選択肢には形容詞が並んでいます。この問題の場合、空欄直後の vouchers の意味がわかれば、答えは簡単に推測できます。名詞 vouchers「（無料でサービスや割引が受けられる）クーポン券」とつなげて使うことができるのは、(C) complimentary「無料の、サービスの」しかないのです。

complimentary という単語は頻繁に使われます。complimentary はパート5だけでなく、パート7の読解問題でも使われます。他にも complimentary beverage [dessert, Wi-Fi]「無料の飲み物［デザート、Wi-Fi］の組み合わせなどを覚えておきましょう。

**訳** その男性がホテルはビジネスセンターでのサービスが不適切だったと苦情を述べたところ、次回宿泊時に使える無料クーポン券を提供されました。

(A)包括的な、広範囲な　(B)前途有望な、見込みのある　(D)一致する、一貫した

# 第59問

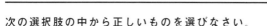

次の選択肢の中から正しいものを選びなさい。

The company was on the verge of bankruptcy, but due to the recently developed equipment, the company was able to (    ) its substantial losses.

(A) revise (B) substitute

(C) improve (D) recover

### 単語の意味

**on the verge of** 〜…今にも〜しようとして **bankruptcy**[bǽŋkrʌptsi]…破産、倒産
**equipment**[ɪkwípmənt]…機械、機材
**substantial**[səbstǽnʃəl]…かなりの、十分な

---

# 第60問

次の選択肢の中から正しいものを選びなさい。

The embassy has agreed to host an education fair that will allow anyone wishing to study abroad to collect (    ) information from one location.

(A) verifiable (B) comprehensive

(C) simplified (D) limited

### 単語の意味

**embassy**[émbəsi]…大使館 **agree**[əgríː]…〜に同意する、〜を承認する
**host**[hóust]…〜を主催する **allow**[əláu]…〜を許可する、可能にする **wish to** 〜…
〜したいと願う **abroad**[əbrɔ́ːd]…海外で **collect**[kəlékt]…〜を集める、収集する

▶ 第 **59** 問

**答え** (D) recover

(2・5章第14問)

選択肢には動詞が並んでいます。the company was able to
( ) its substantial losses「その会社はかなりの損失を〜する
ことができた」の「〜」の部分にどの動詞を入れれば全体の意
味が通るかを考えます。(D) recover「〜を取り戻す」を入れ
れば文意が通ります。
「損失を取り戻す」は英語で recover one's loss [losses] と表現
します。ビジネス関連のレポートで頻繁に使われます。

**訳** その会社は倒産しかかっていましたが、最近開発された機械のおかげ
で、多額の損失を取り戻すことができました。

(A)〜を修正する、訂正する　(B)代わりをする、代理を務める　(C)〜を改善す
る、改良する

▶ 第 **60** 問

**答え** (B) comprehensive

(炎・80問)

選択肢には形容詞と形容詞化した過去分詞が並んでいます。
collect ( ) information from one location「一カ所から〜情報
を集める」の「〜」部分にどの単語を入れれば全体の意味が通
るかを考えます。
(B) comprehensive「総合的な、包括的な」であれば、文意が
通ります。形容詞 comprehensive は comprehensive agreement
「包括的な合意」、comprehensive strategy「総合戦略」、
comprehensive study「総合的な調査」、comprehensive survey
「広範囲にわたる調査」のようにビジネス関連の英文で頻繁に
使われます。また、パート7の長文読解問題でも使われます。

**訳** 海外留学を希望する人が一カ所で総合的な情報収集ができるよう、大
使館は教育フェアを開催することに同意しました。

(A)証明できる、検証できる　(C)簡易化された、簡略化された　(D)限られた、制
限された

# 第61問

次の選択肢の中から正しいものを選びなさい。

Because Thorton Industries had built a (　　　) reputation with its local customer base, it was easy for it to expand into adjacent markets.

(A) valid

(B) qualified

(C) comprehensive

(D) solid

### 単語の意味

reputation[rèpjətéɪʃən]…評判　customer base…顧客基盤、顧客ベース
expand[ɪkspǽnd]…拡大する　adjacent[ədʒéɪsnt]…隣接した、近くの

# 第62問

次の選択肢の中から正しいものを選びなさい。

Verizon Logistics normally requires customers to pay a $10 delivery charge, but the company made a special (　　) because of the delayed shipment.

(A) addition

(B) exception

(C) acknowledgement

(D) distinction

### 単語の意味

normally[nɔ́ːrm(ə)li]…通常は、普通に　delivery charge…配達料、配送料
delayed[dɪléɪd]…遅延の　shipment[ʃípmənt]…発送、出荷、発送品

**答え** (D) solid

(炎・第15問)

選択肢には形容詞が並んでいます。Because Thorton Industries had built a ( ) reputation with its local customer base「ソートン産業は地元の顧客基盤から〜評判を得ていたので」の「〜」部分にどの形容詞を入れれば、空欄直後の名詞 reputation「評判」とつながり、かつ全体の意味が通るかを考えます。

(D) solid「確かな、確固とした」であれば、文意が通ります。build a solid reputation で「確かな評判を築く」という意味です。最近はその単語の意味を知っているだけでは正解できず、空欄前後に置かれた単語とのつながりを考えなければ解けない問題が増えています。

**訳** ソートン産業は地元の顧客基盤から確固たる評判を得ていたので、隣接市場への拡大が容易でした。

(A)有効な　(B)適任の、資質のある　(C)広範囲の、総合的な

**答え** (B) exception

(炎2・第28問)

選択肢には名詞が並んでいます。the company made a special ( ) because of the delayed shipment「発送が遅れたため、その会社は特別の〜を行った」の「〜」部分にどの名詞を入れれば全体の意味が通るかを考えます。

発送の遅れが理由で「特別の〜を行った」ので、通常要求する配達料を求めなかったのではないかと考えられます。正解は (B) exception「例外、除外」です。make an exception で「例外を設ける、別扱いにする」の意味になります。発送が遅れて配達料を求めない話は、よく出題されます。その種の英文でよく使われる単語に waive「(権利、主張) を放棄する」があります。

**訳** ベライゾン・ロジスティックスは通常、顧客に10ドルの配達料を支払うよう求めていますが、発送が遅れたため同社では特例を適用しました。

(A)追加、付加　(C)承認、感謝　(D)区別、差異

# 第63問

**次の選択肢の中から正しいものを選びなさい。**

Tour group participants are requested to arrive ( ) for the excursion, or risk losing their seat to someone on the waiting list.

(A) late (B) punctually

(C) accordingly (D) firmly

---

**単語の意味**

**participant**[pɑːrtísəpənt]…参加者　**request**[rɪkwést]…〜を求める、要請する
**arrive**[əráɪv]…着く、到着する　**excursion**[ɪkskə́ːrʒən]…遠足、小旅行
**risk 〜ing**…〜する恐れがある

---

# 第64問

**次の選択肢の中から正しいものを選びなさい。**

The belongings of visitors to the factory will be ( ) inspected when they leave in order to prevent theft of important information.

(A) precisely (B) thoroughly

(C) cordially (D) subtly

---

**単語の意味**

**belongings**[bɪlɔ́(ː)ŋɪŋz]…所持品、所有物　**visitor**[vízətər]…訪問者
**inspect**[ɪnspékt]…〜を検査する　**prevent**[prɪvént]…〜を防ぐ、妨げる
**theft**[θéft]…盗み、窃盗

**答え** (B) punctually

(パート 5・第 147 問)

選択肢には副詞が並んでいます。空欄前の動詞が arrive「着く、到着する」です。arrive の後ろに置いて使えそうなのは、(A) late か (B) punctually しかありません。Tour group participants are requested to arrive (　) for the excursion「ツアーグループへ参加する方は、旅行のために〜到着して下さい」の「〜」部分にどちらの副詞を入れれば全体の文意が通るかを考えます。

(B) punctually「時間通りに」であれば、意味が通ります。**形容詞 punctual「時間を守る、時間を厳守する」や名詞 punctuality「時間厳守」も覚えておきましょう。**

**訳** ツアーグループへ参加する方は、旅行に時間厳守でお越し頂かなければ、キャンセル待ちリストの方に席をお譲りする場合があります。

(A)遅れて、遅く　(C)それに応じて　(D)しっかりと、固く

**答え** (B) thoroughly

(5・5章　第 19 問)

選択肢には副詞が並んでいます。The belongings of visitors to the factory will be (　) inspected「工場の訪問者の持ち物は〜検査される」と言っています。

選択肢の中から、持ち物検査の様子を描写するときに使う可能性のある副詞を探すと、(B) thoroughly「**徹底的に、完全に**」しかないとわかります。英文を読み慣れていれば、the belongings of visitors to the factory と inspected を見るだけで正解がわかります。

(A) precisely「正確に」を間違って選んだ人もいるかと思いますが、precisely inspect という言い方はしません。

**訳** 重要な情報の盗難を防止するため、工場訪問者の持ち物は退出時に徹底的に検査されます。

(A)正確に　(C)心から、誠意をもって　(D)微妙に、巧妙に

# 第65問

次の選択肢の中から正しいものを選びなさい。

The increase (　　) price of the bank stock is largely attributable to the strong recommendation of the leading securities house.

(A) by          (B) for

(C) in          (D) with

stock[stάk]…株、株式　largely[lάːrdʒli]…主として、大いに、大部分は
be attributable to ～…～に起因する、～のせいである
recommendation[rèkəməndéɪʃən]…推薦(状)、勧告
leading[líːdɪŋ]…主要な、一流の　securities house…証券会社

# 第66問

次の選択肢の中から正しいものを選びなさい。

The president of the major publishing company (　　) a statement that beginning next year, the company would enter the electronic book market.

(A) subscribed     (B) retained

(C) emphasized     (D) issued

### 単語の意味

publishing company…出版社　statement[stéɪtmənt]…声明、陳述
electronic book…電子書籍

▶ 第 65 問

**答え** (C) in

(5・5章第21問)

選択肢には前置詞が並んでいます。この問題の場合、英語を読み慣れている人であれば、空欄前後の The increase (  ) price of the bank stock 部分を見るだけで正解がわかります。主語は The increase から bank stock までで、動詞は is です。空欄前の increase は冠詞が付いているので、動詞ではなく、名詞です。空欄後の price of the bank stock「その銀行の株価」とこれをつなげるには、「その銀行の株価の上昇」とすればいいとわかります。「〜の上昇、〜の増加」と言う場合は、increase in 〜 と後ろには前置詞 in を続けます。したがって、(C) in が正解です。反対の decrease in 〜「〜の減少」も一緒に覚えましょう。

**訳** その銀行の株価の上昇は、主に主要な証券会社が強く推奨していることに起因します。

(A)〜によって　(B)〜のために　(D)〜と一緒に

▶ 第 66 問

**答え** (D) issued

(4・4章第10問)

選択肢には動詞が並んでいます。この問題の場合、力のある人は (  ) a statement 部分を見るだけで解けます。そうでない人でも接続詞 that の前までを読めば解けるはずです。The president of the major publishing company (  ) a statement「その大手出版社の社長は声明を〜」の「〜」部分には「(声明などを) 出す」の過去形である (D) issued を入れれば、文意が通ります。issue a statement で「声明を出す」の意味です。issue には他に「(出版物、株、債券など) を発行する」「問題、問題点、発行物」という意味もあり、全て出題されています。

**訳** その大手出版社の社長は、同社が来年から電子書籍市場に参入するという内容の声明を発表しました。

(A)定期購読する　(B)〜を保持する　(C)〜を強調する　の過去形

# 第67問

次の選択肢の中から正しいものを選びなさい。

As a result of the extremely high ( ) for BCom's computer console, retailers sold out their stock within 15 minutes on the day of its release.

(A) appraisal　　(B) desire

(C) demand　　(D) promotion

---

**単語の意味**

**as a result of** ～…～の結果として　**extremely**[ikstríːmli]…きわめて、非常に
**retailer**[ríːtèilər]…小売業者、小売店　**release**[rilíːs]…発売、公開

---

# 第68問

次の選択肢の中から正しいものを選びなさい。

The automobile company decided to streamline the production line in order to increase the ( ) of the plant.

(A) composition　　(B) harvest

(C) produce　　(D) output

---

**単語の意味**

**streamline**[stríːmlàin]…～を合理化する　**production line**…生産ライン
**plant**[plǽnt]…工場

**答え** (C) demand
(3・3章第24問)

選択肢には名詞が並んでいます。As a result of the extremely high ( ) for B Com's state of the art computer console「Bコム社のコンピューター機器に対する非常に高い〜を受けて」の「〜」部分には形容詞 high が修飾する名詞が入ります。選択肢の中で文意が通るのは (C) demand「需要」だけです。

demand は動詞では「〜を要求する」、名詞では「要求、需要」という意味がありますが、ビジネスで頻繁に使うのは「需要」という名詞です。「〜に対する需要」と言う場合には、demand for smartphones のように前置詞 for を使います。「要求を満たす」と言う場合には meet the demand と動詞 meet を使います。

**訳** Bコム社のコンピューター機器に対する非常に高い需要を受けて、小売業者は発売当日15分以内で在庫品を売り切りました。

(A)評価、査定　(B)願望、要望　(D)昇進、販売促進

**答え** (D) output
(2・1章第15問)

選択肢には名詞が並んでいます。in order to increase the ( ) of the plant「その工場の〜を増やすために」の「〜」の部分にどの名詞を入れれば全体の意味が通るかを考えます。

(D) output「生産、生産高」を入れて the output of the plant「その工場の生産高」とすれば、文意が通ります。

output には他にも「作り出したもの」という意味があり、日本語でアウトプットと言う場合はこちらの意味で使われることが多いです。しかし、ビジネスでは「生産高」という意味で使われることが大半です。

**訳** その自動車会社は、その工場の生産高を増加させるために、生産ラインを合理化することにしました。

(A)組み立て、構成　(B)(作物の)収穫、収穫高　(C)農産物

# 第69問

できたら…○
できなかったら…×

次の選択肢の中から正しいものを選びなさい。

Paying into a private insurance retirement plan is ( ) more rewarding than contributing the government pension plan.

(A) further  (B) ever

(C) much  (D) like

### 単語の意味

insurance[ɪnʃúərəns]…保険　retirement plan…退職金制度
rewarding[rɪwɔ́ːrdɪŋ]…価値のある、報いのある
contribute[kəntríbjuːt]…〜に寄与する、貢献する　pension plan…年金制度

# 第70問

できたら…○
できなかったら…×

次の選択肢の中から正しいものを選びなさい。

The author submitted the final draft of his novel before the deadline, ( ) fulfilling the terms of the contract.

(A) nevertheless  (B) constantly

(C) thereby  (D) adversely

### 単語の意味

author[ɔ́ːθər]…作者、著者　submit[səbmít]…〜を提出する　final draft…（本の）最終稿
deadline[dédlàɪn]…締め切り　fulfill[fʊlfíl]…〜を履行する、果たす
term(s)[tə́ːrmz]…（契約などの）条項、条件　contract[káːntrækt]…契約、契約書

答え (C) much

(1・5章第30問)

比較級の強調の問題です。空欄にどの単語を入れれば比較級 more rewarding を修飾できるか考えます。

**比較級を強調する場合、比較級の前に、much や far や even を付けます。**ですから（C）much「ずっと」が正解です。

比較級の強調の問題は頻出ではありませんが、一定期間を置いてコンスタントに出題されています。**much、far、even、全て出題されています。**

ちなみに、最上級を強調する場合には by far や ever、yet などを用います。

訳 民間保険会社の退職金制度へ払い込むほうが、政府の年金制度に払い込むよりかなり有益です。

(A)【副】(farの比較級)それ以上、さらに、いっそう　(B)【副】(否定文や疑問文で)これまでに　(D)【前・接】〜のように

答え (C) thereby

(5・3章第7問)

選択肢には副詞が並んでいます。空欄前で「その作家は締切前に小説の最終原稿を提出した」と、空欄後で「契約条件を満たしている」と言っています。これらをつないで意味が通る副詞はどれかを考えます。

（C）thereby「それによって、したがって」を入れれば、文意が通ります。なお、この副詞は「コンマ + thereby + *doing*」と、後ろに「結果」を表す分詞構文が続くことがあります。問題文でも fulfilling と分詞構文になっている点に注意しましょう。

訳 その作家は締切前に小説の最終原稿を提出し、これにより、契約条件を満たしたこととなりました。

(A)それにもかかわらず、それでもなお　(B)絶えず、絶え間なく　(D)逆に、不利に

# 第71問

次の選択肢の中から正しいものを選びなさい。

After suffering six (　　) quarters of declining sales, Coleman Textiles was able to turn itself around by releasing a new line of water-resistant fabrics.

(A) alternative　　(B) consecutive

(C) mutual　　(D) tentative

**単語の意味**

**suffer**[sʌ́fər]…苦しむ、被る　**declining sales**…売上減少
**turn around**…立て直す、上向きにする　**release**[rilíːs]…〜を発売する、公開する
**a new line of 〜**…〜の新製品（群）　**fabric(s)**[fǽbrɪk]…織物、繊維、布地

# 第72問

次の選択肢の中から正しいものを選びなさい。

Although the company spokesperson admitted to being positive about the results of (　　) trials, she said further tests would be needed.

(A) prominent　　(B) extensive

(C) following　　(D) preliminary

**単語の意味**

**admit**[ədmít]…〜を認める、承認する　**positive**[pɑ́ːzətɪv]…確信のある、肯定的な、明確な　**trial**[tráɪəl]…試験、検査　**further**[fə́ːrðər]…さらなる、追加の

**答え** (B) consecutive

(6・2章第10問)

選択肢には形容詞が並んでいます。After suffering six ( ) quarters of declining sales「売上が6四半期〜減少した後に」という箇所の「〜」部分にどの形容詞を入れれば全体の意味が通るかを考えます。

(B) consecutive「連続した、立て続けの」であれば、文意が通ります。consecutive は会計関連のレポートで頻繁に使われる単語です。

なお、consecutive に使われている -ive は形容詞を作る接尾辞で、「〜の性質がある」という意味合いをもちます。

訳 コールマンテキスタイル社は、売上が6四半期連続で減少していましたが、防水性繊維の新製品を発売したことにより、黒字に転換することができました。

(A)代わりの、別の　(C)相互の、共通の　(D)仮の、試験的な

**答え** (D) preliminary

(7・2章　第24問)

選択肢には形容詞が並んでいます。Although the company spokesperson admitted to being positive about the results of ( ) trials「その会社の広報担当者は〜試験の結果に対しては自信を持っていることを認めたが」の「〜」部分にどの形容詞を入れれば全体の意味が通るかを考えます。

主節でさらに試験が必要と述べているので、最初の試験は予備的なものだったのではと推測できます。(D) preliminary「予備の」であれば、文意が通ります。preliminary には「仮の」という意味もあり、The preliminary draft is in the attached folder.「添付フォルダーに仮の案が入っています」のように用います。

訳 同社の広報担当者は、予備（臨床）試験の結果に対しては自信を持っていることを認めたものの、さらなる試験が必要であると述べました。

(A)目立った、卓越した　(B)広範囲にわたる、大規模な　(C)次の、次に来る

# 第73問

次の選択肢の中から正しいものを選びなさい。

The export of automobiles to America and Europe has ( ) contributed to the economic prosperity of the Japanese economy.

(A) comfortably (B) numerously

(C) reliably (D) substantially

### 単語の意味

**export**[ékspɔːrt]…輸出 **contribute**[kəntríbjuːt]…貢献する、寄与する
**prosperity**[prɑːspérəti]…繁栄

# 第74問

次の選択肢の中から正しいものを選びなさい。

In line with international thinking, the government decreed that air-conditioning should not be lower than 26 degrees for the ( ) of energy.

(A) protection (B) prevalence

(C) conservation (D) caution

### 単語の意味

**In line with ~**…~に即して、~と一致して **trend**[trénd]…傾向、風潮
**decree**[dɪkríː]…法令を定める、命じる **degree**[dɪɡríː]…(気温、角度などの)度

**答え** (D) substantially　　　　　　　　　　(1・3章第3問)

選択肢には副詞が並んでいます。The export of automobiles to America and Europe has (　) contributed「アメリカおよびヨーロッパ向けの自動車輸出は、〜貢献した」の「〜」部分にどの副詞を入れれば全体の意味が通るかを考えます。

動詞は has contributed「貢献した」なので、(D) substantially「十分に、かなり、相当に」を入れれば文意が通ります。

**類義語 considerably「相当に」や significantly「著しく」も出題されるので、一緒に覚えておきましょう。**

**訳**　アメリカおよびヨーロッパ向けの自動車輸出は、日本経済の発展に大きく寄与してきました。

(A)心地よく　(B)豊富に　(C)確実に

**答え** (C) conservation　　　　　　　　　　(1・4章第19問)

選択肢には名詞が並んでいます。air-conditioning should not be lower than 26 degrees「エアコンの温度を 26 度未満にしてはならない」とあり、かつ、空欄の後ろには energy「エネルギー」という名詞が続いています。

(C) conservation「保全、保護」を入れれば the conservation of energy で「エネルギーの保全、省エネ」の意味となり、文意が通ります。conservation of energy は頻繁に使われる表現です。

**動詞 conserve「〜を保全する、保護する」も語彙問題として出題されています。**

**訳**　国際的な考え方に即して、政府は省エネのためにエアコン温度を 26 度未満に設定してはいけないという法令を発布しました。

(A)保護　(B)行きわたること　(D)用心、注意

# 第75問

次の選択肢の中から正しいものを選びなさい。

Cray Architects designs office buildings to the specifications of its clients, but does not (　　) build the facilities.

(A) exclusively　　(B) mostly

(C) actually　　(D) potentially

**単語の意味**

specification[spèsəfikéiʃən]…仕様（書）、設計書　client[kláiənt]…顧客、取引先
facility[fəsíləti]…施設、設備

# 第76問

次の選択肢の中から正しいものを選びなさい。

Customer volume in Rideau Mall is high at the beginning and end of each month, (　　) the middle of the month tends to have less foot traffic.

(A) though　　(B) as if

(C) notwithstanding　　(D) whereas

**単語の意味**

customer volume…顧客数　tend to ~…~する傾向がある、~しがちである
foot traffic…（客の）出足

答え (C) actually

選択肢には副詞が並んでいます。Cray Architects（中略）does not (　　) build the facilities「クレイ・アーキテクツは～施設を建設することはない」の「～」部分にどの副詞を入れれば全体の意味が通るのかを考えます。

(C) actually「実際に、実際は」であれば、文意が通ります。actually にはさまざまな意味がありますが、この問題では in fact に近い意味で使われています。

actually はリスニングセクションのパート2やパート3でも多用されます。パート3では、actually は「本当のところは」と well に近い意味で使われることが多いです。

訳　クレイ・アーキテクツでは、クライアントの仕様に合わせてオフィスビルの設計をしますが、実際に施設を建設することはありません。

(A)全く～のみ　(B)たいていは　(D)潜在的に

答え (D) whereas

文頭からコンマまでも、空欄以降も、節（＝S＋Vを含むかたまり）です。「節」と「節」を結ぶのは接続詞です。選択肢には、全て接続詞の用法があります。

文頭からコンマまでで「リドーモールの顧客数は、毎月上旬と下旬に多くなる」と言っていて、コンマ以降では「中旬は人の往来が少なくなる傾向にある」と言っています。この2つの節をつないで意味が通るのは、「**対比**」を表す (D) whereas「(～である) 一方で」しかありません。契約書のような少しフォーマルな英文で使われることが多いです。while にも同じ意味があり、両方とも出題されます。

訳　リドーモールの顧客数は、毎月上旬と下旬に多くなる一方で、中旬は人の往来が少なくなる傾向にあります。

(A)～にもかかわらず　(B)あたかも～のように　(C)～であるにもかかわらず

# 第77問

次の選択肢の中から正しいものを選びなさい。

Social networks have (　　　) changed business in terms of how people communicate and the speed at which information is exchanged.

(A) yet

(B) still

(C) however

(D) indeed

### 単語の意味

in terms of ～…～の点から見て、～に関して　communicate[kəmjúːnəkèɪt]…～を伝える、～に連絡する　exchange[ɪkstʃéɪndʒ]…～を交換する

# 第78問

次の選択肢の中から正しいものを選びなさい。

A snowstorm hit the area causing the airport to be closed, and (　　) many travelers are stranded.

(A) adequately

(B) consequently

(C) completely

(D) nevertheless

### 単語の意味

snowstorm[snóʊstɔ̀ːrm]…吹雪　hit[hít]…～を(天災が)襲う、～に打撃を与える
cause[kɔ́ːz]…～を引き起こす、～の原因になる　strand[strǽnd]…～を立ち往生させる

答え (D) indeed

(炎・第38問)

選択肢には副詞が並んでいます。Social networks have ( ) changed business「ソーシャルネットワークは〜ビジネスを変えた」の「〜」部分にどの副詞を入れれば、全体の意味が通るかを考えます。

(D) indeed「まさに、本当に、全く、実に」であれば、文意が通ります。この問題が難しいのは、間違いの選択肢に yet がある点です。yet は否定文と疑問文で主に用いられます。肯定文では、「まだ、依然として」と still に近い意味になります。この英文は肯定文です。still に近い意味で使われているのであれば、文意が通りません。

訳 ソーシャルネットワークは、人々のコミュニケーションの仕方や情報がやりとりされる速さという点でまさにビジネスを変えました。

(A)(肯定文のとき)まだ、依然として (B)まだ (C)しかしながら

答え (B) consequently

(炎・第21問)

選択肢には副詞が並んでいます。A snowstorm hit the area causing the airport to be closed, and ( ) many travelers are stranded「吹雪のせいで空港は閉鎖され、〜多くの旅行者が立ち往生させられた」の「〜」部分にどの副詞を入れれば、全体の意味が通るかを考えます。

(B) consequently「その結果として」であれば、文意が通ります。consequently は、この英文のように、〈「節」, and consequently〉の形か、もしくは前文があり、次の文の文頭に置いて〈Consequently,「節」〉の形で使われることが多いです。類似表現として as a result「その結果」があります。

訳 吹雪がその地域を襲い、そのせいで空港は閉鎖され、その結果、多くの旅行者が立ち往生させられました。

(A)適切に、十分に (C)完全に (D)それにもかかわらず

# 第79問

次の選択肢の中から正しいものを選びなさい。

Once a Carrington Design employee has worked with the company for three years, they can be promoted to manager (     ) their educational background.

(A) in addition to　(B) instead of

(C) as soon as　(D) regardless of

### 単語の意味

employee[emplɔ́ɪɪː]…従業員、社員　promote[prəmóut]…〜を昇進させる
educational background…学歴

---

# 第80問

次の選択肢の中から正しいものを選びなさい。

Because of concerns about environmental damage, council members voted (     ) against the construction of a waste treatment plant.

(A) unanimously　(B) likely

(C) nevertheless　(D) fairly

### 単語の意味

concern[kənsə́ːrn]…懸念、心配　environmental[ɪnvàɪərnméntl]…環境の、環境
保護の　council[káunsl]…(地方自治体の)議会、評議会　vote against 〜…〜へ
反対票を投ずる　treatment[tríːtmənt]…処理、取扱い　plant[plǽnt]…工場、工場施設

**答え** (D) regardless of　　　　　　　　　（緑・1章第 13 問）

選択肢には群前置詞ならびに接続詞のように用いる表現が並んでいます。空欄以降は their educational background「彼らの学歴」と名詞句です。したがって、空欄には群前置詞がくることがわかります。(C) as soon as は接続詞の働きをし、後ろには節（＝ S ＋ V を含むかたまり）が続くため、ここでは使えません。群前置詞である (A) (B) (D) のどれが正解かは、全体の意味を考えます。

(D) regardless of「～に関係なく、～にかかわらず」を入れれば「学歴に関係なくマネージャーに昇進することができる」となり、文意が通ります。regardless of age [gender, price]「年齢 [性別、価格] に関係なく」のように頻繁に使われる表現です。

**訳** キャリントン・デザインの従業員は 3 年会社に勤務すれば、学歴に関係なくマネージャーに昇進することができます。

(A)～に加えて　(B)～の代わりに　(C)～するとすぐに

---

**答え** (A) unanimously　　　　　　　（レッスン・2章第 22 問）

選択肢には副詞が並んでいます。council members voted (　　) against the construction of a waste treatment plant「市議会議員らは～廃棄物処理工場の建設に反対した」の「～」部分にどの副詞を入れれば全体の意味が通るかを考えます。

(A) unanimously「満場一致で、全会一致で」を入れれば、意味がつながります。空欄直前の動詞 vote「投票をする」が大きなヒントになります。vote for ～「～に賛成票を投じる」と vote against ～「～に反対票を投じる」ともにパート 5 で出題されています。

**訳** 環境に悪影響を与えるのではないかという懸念から、市議会議員らは満場一致で廃棄物処理工場の建設に反対しました。

(B)ありそうな　(C)それにもかかわらず　(D)公正に

# 第81問

次の選択肢の中から正しいものを選びなさい。

Although each project manager provides feedback on staff performances, the final evaluation is made (　　) by the senior partner.

(A) approximately　(B) solely

(C) considerably　(D) numerously

**単語の意味**

**provide**[prəváɪd]…〜を提供する、与える　**feedback**[fíːdbæk]…意見、反応
**performance**[pərfɔ́ːrməns]…業績、実績　**evaluation**[ɪvæ̀ljuéɪʃn]…評価

# 第82問

次の選択肢の中から正しいものを選びなさい。

Last week's regular mail services were delayed due to bad weather conditions, but priority packages were (　　) delivered on schedule.

(A) deliberately　(B) additionally

(C) furthermore　(D) nevertheless

**単語の意味**

**regular mail**…普通郵便物　**delay**[dɪléɪ]…〜を遅らせる、延期にする
**priority package**…優先小包　**deliver**[dɪlívər]…〜を配達する、届ける
**on schedule**…予定通りに、定時に

答え　(B) solely　　　　　　　　　　　　　（レッスン・4章第12問）

選択肢には副詞が並んでいます。the final evaluation is made
(　　) by the senior partner「最終評価はシニアパートナーに
よって〜下される」の「〜」部分にどの副詞を入れれば全体の
意味が通るかを考えます。

(B) solely「もっぱら、単独で」であれば、文意が通ります。
この問題の場合、空欄直後に置かれた by もヒントになりま
す。solely by 〜「〜によってのみ」という表現はよく使われ
ます。

solely を用いたよく使われる表現として、他に be solely
responsible for 〜「〜についての全責任を負う」があります。

訳　プロジェクト長がスタッフの業績に関してそれぞれの意見を出します
が、最終評価を下すのはシニアパートナーだけです。

(A)おおよそ、約　(C)かなり、相当に　(D)多く、豊富に

答え　(D) nevertheless　　　　　　　　　　（7・1章第24問）

選択肢には副詞が並んでいます。コンマまでで「先週の普通郵
便の配達は悪天候のために遅れた」と言っていて、コンマ以降
で but priority packages were (　　) delivered on schedule「し
かし優先順位の高い荷物は〜予定通りに届けられた」と相反す
ることを言っています。相反する内容を述べる場合に「〜」部
分に使えて文意が通る副詞は (D) nevertheless「それにもか
かわらず」です。

パート5で出題される単語は、パート6でも出題される可能性が
ありますが、nevertheless もパート6でも出題されています。

訳　先週の普通郵便の配達は悪天候のために遅れましたが、それでも優先
順位の高い荷物は予定通りに届けられました。

(A)意図的に　(B)その上、さらに　(C)おまけに、さらに

# 第83問

次の選択肢の中から正しいものを選びなさい。

For security reasons (　　) is allowed entry into that part of the facility unless they have received permission from the plant manager.

(A) anyone  (B) nothing

(C) no one  (D) everyone

単語の意味

**security**[sɪkjúərəti]…安全、安全確保　**allow**[əláu]…〜を許す、許可する
**facility**[fəsíləti]…施設、設備　**permission**[pərmíʃən]…許可、認可、承認
**plant manager**…工場長

# 第84問

次の選択肢の中から正しいものを選びなさい。

In order to (　　) competitive in the global market, it was decided that new production facilities would have to be built in countries with low labor costs.

(A) amend  (B) nominate

(C) offer  (D) remain

単語の意味

**in order to 〜**…〜するために　**competitive**[kəmpétətɪv]…競争力のある、競争に勝てる　**global market**…世界市場
**production facility**…製造設備、生産施設、製造施設　**labor cost**…人件費

**答え** (C) no one

選択肢には代名詞が並んでいます。( ) is allowed entry into that part of the facility「～は施設内のその区域に立ち入ることが許されている」の「～」部分にどの代名詞を入れれば全体の意味が通るかを考えます。

(C) no one「誰も～ない」であれば、文意が通ります。no one は nobody と同じ意味で、人のみに使います。単数扱いなので、be 動詞は is が使われています。似た意味の単語に none「誰も［何も］～ない」があります。no one と異なり、none は単数扱いをすることも複数扱いをすることもあり、また、人にも物にも使えます。nobody や none を選ぶ問題も出題されています。

**訳** 安全上の理由から、工場管理者から許可を受けていなければ、施設内のその区域に立ち入ることはできません。

(A)誰か、誰も　(B)何も～ない　(D)全ての人

**答え** (D) remain

選択肢には動詞が並んでいます。空欄直後に形容詞 competitive が続いていることがヒントになります。**後ろに形容詞を続けて使うことができる動詞は、be 動詞以外では不完全動詞しかありません。**不完全自動詞には、keep、lie、retain、stay、become、get、grow、turn、seem、remain、appear に加え、五感を表す動詞の feel、smell、taste、look、sound などがあります。

選択肢の中で不完全自動詞は (D) remain「（依然として）～のままである、とどまる」しかありません。remain competitive「競争力を保つ」という表現はビジネス関連の英文で頻繁に使われます。

**訳** 国際市場での競争力を保つために、新たな生産施設は人件費の安い国に建設されることになりました。

(A)～を修正する　(B)～を指名する　(C)～を提供する

**答え** (C) supplementary (4・3章第 18 問)

選択肢には形容詞と形容詞化した過去分詞が並んでいます。
The division chief sent ( ) materials to his subordinate「部
長は、部下に〜資料を送った」の「〜」部分にどの単語を入れ
れば全体の意味が通るかを考えます。
形容詞である (C) supplementary「**補足の、追加の**」を入れ
れば、文意が通ります。supplementary material「補足資料」
はビジネスでよく使われる表現です。最近はパート 5 で出題さ
れる語彙問題はビジネス関連のものが多くなっています。

**訳** 部長は、説得力のあるプレゼンテーションを行うために役立ててもら
いたいと、部下に 50 点以上の追加資料を送りました。

(A)支部の、提携している (B)(法的な)責任がある (D)かなりの、相当な

---

**答え** (B) defective (3・5章第 15 問)

選択肢には形容詞が並んでいます。この問題の場合、全文を読
まなくても解けます。空欄の後が automobiles なので、自動車
と意味がつながり、よく使われる形容詞を選べばいいのです。
自動車に関する選択肢が複数あれば、空欄前後を少し長めに読
む必要がありますが、選択肢で自動車に関係する単語は (B)
defective「**欠陥のある**」だけです。defective automobiles で
「欠陥のある自動車」の意味になります。
形容詞 defective も出題されます。名詞の defect「欠陥」とと
もにビジネス必須単語です。自動車産業だけでなく、あらゆる
メーカーで頻繁に使われます。

**訳** 国内各地で数件の悲惨な事故が起きたため、その自動車会社はその年
に生産された欠陥車をリコール（回収）しました。

(A)基礎をなす、内在する (C)影響力の大きい (D)よく考えた、故意の

# 第**85**問

次の選択肢の中から正しいものを選びなさい。

The division chief sent (　　　) materials to his subordinate in order to aid him in making a persuasive presentation.

(A) affiliated　　　(B) liable

(C) supplementary　(D) considerable

**単語の意味**

**division chief**…部長　**material**[mətíəriəl]…資料、材料
**subordinate**[səbɔ́ːrdənət]…部下　**aid**[éɪd]…〜を助ける、手伝う
**persuasive**[pərswéɪsɪv]…説得力のある

# 第**86**問

できたら…○
できなかったら…×

次の選択肢の中から正しいものを選びなさい。

After several tragic accidents had occurred, the automobile company recalled the (　　　) vehicles produced in the last two years.

(A) underlying　　(B) defective

(C) influential　　(D) deliberate

**単語の意味**

**tragic**[trǽdʒɪk]…悲惨な、痛ましい　**accident**[ǽksədənt]…事故、災難
**occur**[əkə́ːr]…生じる、起こる　**recall**[rɪkɔ́ːl]…（欠陥車など）を回収する
**produce**[prəd(j)úːs]…〜を生産する、製造する

# 第87問

次の選択肢の中から正しいものを選びなさい。

Japanese temple gardens are principally (　　) of rocks, sand, shrubs and sometimes water.

(A) contained  (B) collected

(C) combined  (D) composed

### 単語の意味

**principally**[prínsəpəli]…主に、主として

# 第88問

次の選択肢の中から正しいものを選びなさい。

The company's sales strategy was aimed at Europe, but because it is no longer (　　), it will shift more toward Asia.

(A) potential  (B) negotiable

(C) credible  (D) feasible

### 単語の意味

**strategy**[strǽtədʒi]…戦略、計画　**aim at** ～…～に向ける
**no longer** ～…もはや～でない

▶ **第 87 問**

**答え** (D) composed  (2・5章第17問)

選択肢には過去分詞が並んでいます。問題文を読むと、「日本の寺の庭園は主に石や砂、低木、さらに場合によっては水でできている」という意味にすればいいのではと推測できます。

be composed of 〜で「〜からできている、〜で構成されている」という意味の慣用表現です。したがって、(D) composed が正解です。語彙問題に比べ、慣用表現はあまり難しい問題が出ることは少なく、比較的解きやすいです。

類似表現 consist of［be made up of］〜「〜から成る」も覚えておきましょう。

**訳** 日本の寺の庭園は、主に石や砂、低木、さらに場合によっては水で構成されています。

(A)〜を含む (B)〜を集める (C)〜を組み合わせる の過去分詞

---

▶ **第 88 問**

**答え** (D) feasible  (3・1章第17問)

選択肢はいずれも形容詞です。but because it is no longer ( )，it will shift more toward Asia「しかしそれ（＝販売戦略）はもはや〜ではないので、よりアジアに向けられることになるだろう」の「〜」部分にどの形容詞を入れれば全体の意味が通るかを考えます。

(D) feasible「実現可能な、実行できる」であれば、文意が通ります。feasible はビジネスで頻繁に使う単語なので、仕事で英語を使っている人にとっては簡単な問題です。特に外資系企業では、feasible の名詞 feasibility を使った feasibility study「実行可能性の検討［調査］」という表現を日常的に使っています。

**訳** その企業の販売戦略はヨーロッパに向けられていましたが、もはや実現不可能なので、さらにアジアに向けられていくでしょう。

(A)可能性がある (B)交渉できる (C)信用できる

# 第89問

次の選択肢の中から正しいものを選びなさい。

Despite the volatile market, the company president ( ) employees that they would receive their annual bonuses.

(A) assured (B) implied

(C) recognized (D) mandated

### 単語の意味

volatile[vάːlətl]…変わりやすい、不安定な　annual[ǽnjuəl]…年に一度の

# 第90問

次の選択肢の中から正しいものを選びなさい。

For the first time in the university's history, the lecture hall was at full capacity when the ( ) professor came to give a speech.

(A) various (B) associated

(C) manageable (D) renowned

### 単語の意味

for the first time…はじめて　lecture hall…講堂、大教室
full capacity…全容量、全能力

答え (A) assured

(3・2章第14問)

選択肢には動詞が並んでいます。the company president ( ) employees that they would receive their annual bonuses「その会社の社長は従業員に毎年の賞与が受け取れるからと〜」の「〜」部分にどの動詞を入れれば全体の意味が通るかを考えます。assure「〜を保証する、確実にする、断言する」の過去形である (A) assured であれば、文意が通ります。assure はパート5だけでなく、パート6やパート7でも頻繁に使われます。顧客に対する手紙やメールでは、Please be assured that 〜「〜ですのでご安心ください」という言い回しも使われます。後ろに名詞句を続ける場合は、be assured of 〜 となります。

訳 市場が不安定であるにもかかわらず、その会社の社長は従業員に毎年の賞与が支給されることを保証しました。

(B)〜を暗示する、〜とほのめかす　(C)〜を認識する、認める、表彰する　(D)〜を命令する　の過去形

答え (D) renowned

(5・2章第14問)

選択肢には形容詞と形容詞化した過去分詞が並んでいます。the lecture hall was at full capacity when the ( ) professor came to give a speech「その〜教授が講演に来たとき、講堂は満員になった」という箇所の「〜」部分にどれを入れれば全体の意味が通るかを考えます。

「有名な」というような意味の単語を入れればいいのではないかと推測できます。選択肢の中で適切なのは (D) renowned「名高い、名声のある」です。famous は知っていても renowned は知らなかったという人がいるはずです。他に prestigious「一流の、有名」や well-known「有名な」も一緒に覚えておきましょう。

訳 その有名な教授が講演に来たとき、講堂は、大学開学以来はじめて満員になりました。

(A)さまざまな　(B)関連した、合同の　(C)管理できる、扱いやすい

# 第91問

次の選択肢の中から正しいものを選びなさい。

At least five years' experience in sales and an understanding of online marketing is a (　　) for the position of Digital Sales Manager.

(A) probability　　(B) candidate

(C) capability　　(D) prerequisite

**単語の意味**

**at least**…少なくとも　**position**[pəzíʃən]…職位、ポジション

# 第92問

次の選択肢の中から正しいものを選びなさい。

Page three of the contract (　　) that all construction work must be conducted between the hours of 9 A.M. and 6 P.M.

(A) assumes　　(B) states

(C) forecasts　　(D) endures

**単語の意味**

**contract**[kάːntrækt]…契約、契約書　**construction work**…建設工事
**conduct**[kəndʌ́kt]…～を行う、実施する

**答え** (D) prerequisite (難問・1章第18問)

選択肢には名詞が並んでいます。At least five years' experience in sales and an understanding of online marketing is a ～「最低5年間の販売経験およびオンラインマーケティングの知識が～だ」の「～」部分にどの名詞を入れれば全体の意味が通るかを考えます。

(D) prerequisite「**必須条件、要件**」であれば、意味がつながります。少しフォーマルですが、パート7の求人広告の問題などでも何度も使われてきた単語です。pre- は「以前の、前もっての」を表す接頭語で、requisite は「必需品」という意味の名詞です。

**訳** 最低5年間の販売経験およびオンラインマーケティングの知識が、デジタルセールスマネージャー職に応募するための必須条件です。

(A)見込み (B)候補者 (C)能力

**答え** (B) states (パート5・第10問)

選択肢には動詞が並んでいます。選択肢には全て三人称単数現在の -s が付いています。Page three of the contract (    ) that「契約書の3ページ目には that 以下と～」の「～」部分にどの動詞を入れれば全体の意味が通るかを考えます。

空欄には「述べている、書いている」のような意味の動詞が入ると推測できます。(B) states「**～を述べる、記載する**」であれば、文意が通ります。

名詞 statement「声明、記述」は半ば日本語になっているので、state が正解ではないかと推測できるはずです。

**訳** 契約書の3ページ目に、建設工事は午前9時から午後6時の間に全て行わなければならないと述べられています。

(A)～と仮定する、～を引き受ける (C)～を予想する、予測する (D)～に耐える
の三人称単数現在

# 第93問

次の選択肢の中から正しいものを選びなさい。

All interns who complete the three-month summer session at Davis and Wakefield Law will be eligible ( ) a $2,000 scholarship.

(A) on (B) for

(C) of (D) by

### 単語の意味

complete[kəmplíːt]…～を修了する、終える、完了する　eligible[élədʒəbl]…資格のある、ふさわしい、(法的に)適格な　scholarship[skάːlərʃip]…奨学金

# 第94問

次の選択肢の中から正しいものを選びなさい。

One of the most interesting findings of the report was that first-time homebuyers value price ( ) location.

(A) toward (B) over

(C) after (D) rather

### 単語の意味

finding(s)[fáindiŋ(z)]…調査結果、研究結果　homebuyer[hoʊmbáiər]…住宅購入者
value[vǽljuː]…～を重視する、評価する

**答え** (B) for

選択肢には前置詞が並んでいます。この問題は空欄後の be eligible（　）a $2,000 scholarship 部分をチェックするだけで解けます。(B) for を入れれば「2,000ドルの奨学金（を受け取ること）に対して資格がある」という意味になり、文意が通ります。be eligible for 〜は「〜に対して資格がある、〜にふさわしい」という意味で、ビジネスでも頻繁に使われる表現です。不定詞の to を使った be eligible to 〜「〜する資格がある、権利がある」という表現もよく使われます。TOEICテストでは、be eligible for 〜、be eligible to 〜両方の表現ともに出題されています。

**訳** デイビス・アンド・ウェイクフィールド弁護士事務所の3カ月間のサマーセッションを修了したインターンは全員、2,000ドルの奨学金を受け取ることができます。

(A)〜の上に、〜について　(C)〜の　(D)〜によって、〜のそばに

**答え** (B) over

選択肢には前置詞と副詞が並んでいます。空欄前が value price と「他動詞＋目的語」で、空欄後が location と名詞なので、空欄に入るのは前置詞だとわかります。前置詞の用法があるのは (A) toward、(B) over、(C) after です。(A) と (C) では文意が通りませんが、(B) over には「〜よりも、〜に優先して」の意味があります。value price over location とすれば「立地より価格を重視する」となり、意味がつながります。

over にはさまざまな意味があります。頻繁に出題されるのは、「〜の期間にわたって」の意味の over ですが、この意味での over を問う問題も出題されています。

**訳** そのレポートの中で最も興味深い調査結果のひとつは、初めて住宅を購入する人は立地より価格を重視するということでした。

(A)〜に向かって　(C)〜の後に　(D)かなり

# 第95問

次の選択肢の中から正しいものを選びなさい。

The (　　) of the company not complying with new regulations were so serious that management decided to provide all employees with additional training.

(A) requirements　(B) consequences

(C) measures　(D) replacements

**単語の意味**

comply with~…~に従う、~を遵守する、~に応じる
regulation(s)[règjəléɪʃənz]…規則、規定、規範
management[mǽnɪdʒmənt]…経営者側、経営陣　provide[prəváɪd]…~を与える
additional[ədíʃən]…追加の、さらなる

# 第96問

次の選択肢の中から正しいものを選びなさい。

Airlines have seen a sharp increase in online purchases since the industry started allowing passengers to book tickets (　　) 24 hours before a flight.

(A) next to　(B) in advance

(C) at last　(D) up to

**単語の意味**

sharp[ʃáːrp]…急激な　increase in ~…~の増加
online purchase…オンライン購入　industry[índəstri]…業界、産業
allow A to ~…Aが~することを可能にする、許す
passenger[pǽsəndʒər]…乗客、旅客　book[búk]…~を予約する

**答え** (B) consequences (7・5 章第 18 問)

選択肢には名詞が並んでいます。この英文の主語は The (   ) of the company not complying with new regulations「新しい法令に従わなかったその会社の〜」で、動詞が were です。また、動詞の後ろに so 〜 that…「とても〜なので…だ」の構文が使われています。この英文の構造がわからなければ、意味がとれないため解答できません。

空欄部分に入れて文意が通るのは、consequence「結果、成行き」の**複数形**である (B) consequences しかありません。

副詞 consequently「その結果」も覚えておきましょう。

**訳** その会社が新しい法令に従わなかったために引き起こされた結果があまりに深刻だったので、経営陣は全社員に対して追加の研修を実施することにしました。

(A)必要条件、要件　(C)手段、測定　(D)代替物、とって代わるもの　の複数形

**答え** (D) up to (6・1 章第 21 問)

選択肢には 2 語からなる表現が並んでいます。since the industry started allowing passengers to book tickets (   ) 24 hours before a flight「（航空）業界が搭乗客に対し、フライトの 24 時間〜チケットの予約手続きが可能となるサービスを始めて以降」の「〜」部分にどの表現を入れればいいかを考えます。(D) up to「最大〜まで」を入れて up to 24 hours before a flight「フライトの 24 時間前まで」とすれば、文意が通ります。前置詞の働きをするので、後ろには名詞や名詞句が続きます。

up to はパート 5 では「最大〜まで」、パート 2 では It's up to you. のように「〜次第で」の意味で使われることが多いです。

**訳** 航空業界が搭乗客に対し、フライトの 24 時間前までチケットの予約手続きが可能となるサービスを始めたところ、航空会社各社ではオンライン購入が急速に増加しました。

(A)〜の横に、〜の隣に　(B)事前に、前もって　(C)ついに、やっと

# 第**97**問

次の選択肢の中から正しいものを選びなさい。

The board of directors reviewed the plan for the industrial park, and (        ) implemented it with a larger budget than had originally been planned.

(A) yet (B) nor

(C) then (D) still

**単語の意味**

**board of directors**…取締役会　**review**[rɪvjúː]…～を見直す、再調査する
**implement**[ímpləmènt]…～を実行する、実施する　**budget**[bʌ́dʒət]…予算
**originally**[ərídʒənəli]…最初に

# 第**98**問

次の選択肢の中から正しいものを選びなさい。

Although data suggested an upturn in the economy, major investors remained (        ) and did not return to the stock market.

(A) ideal (B) promising

(C) considerate (D) skeptical

**単語の意味**

**data**[déɪtə]…データ、情報　**statistics**[stətístɪks]…統計
**suggest**[səgdʒést]…～を暗示する、提案する　**upturn**[ʌ́ptəːrn]…上昇、向上
**stock market**…株式市場

**答え** (C) then

(2・5章第24問)

選択肢には副詞と接続詞が並んでいます。コンマより前で「その取締役会は工業団地の計画を見直した」とあり、空欄の後ろでは「当初の計画より多額の予算をつけてそれ（＝計画）を実行した」と言っています。したがって「それから」とか「そして」というような単語を入れれば文意が通るとわかります。

空欄前に接続詞 and があります。and に続き「それから」という意味を表すことができるのは、副詞である (C) then しかありません。then は「それから、その次に」という意味で、時系列を表します。

**訳** 取締役会は工業団地計画を検討し、その結果、当初予定されていたよりも多額の予算をつけて実行に移しました。

(A)【副】[否定文で]まだ(〜ない)、[疑問文で]もう (B)【接】[neither A nor Bの形で]AもBも〜ない (D)【副】まだ、なお

---

**答え** (D) skeptical

(4・3章第24問)

選択肢には形容詞が並んでいます。major investors remained ( ) and did not return to the stock market「大口投資家たちは〜なままで、株式市場に戻ってはこなかった」の「〜」部分にどの形容詞を入れれば全体の意味が通るかを考えます。

データは景気浮揚を示唆したのに大口投資家たちが株式市場に戻ってこないのは、データを疑っているからではないかと推測できます。(D) skeptical「懐疑的な」を入れれば、文意が通ります。remain skeptical で「懐疑的なままである」という意味です。skeptical は少し難しい単語ですが、レポートや記事などではよく使われます。

**訳** データは景気浮揚を示唆していましたが、大口投資家たちは依然懐疑的な姿勢を崩さず、株式市場に戻ってはきませんでした。

(A)理想的な (B)見込みのある (C)思いやりがある

# 第99問

できたら…○
できなかったら…×

次の選択肢の中から正しいものを選びなさい。

Those planning to attend the annual conference in Dallas are reminded that the registration deadline is ( ).

(A) commencing　(B) representing

(C) approaching　(D) terminating

### 単語の意味

**remind**[rɪmáɪnd]…～に思い出させる、気づかせる
**registration**[rèdʒəstréɪʃən]…登録、登記　**deadline**[dédlàin]…締め切り、期限

# 第100問

できたら…○
できなかったら…×

次の選択肢の中から正しいものを選びなさい。

If you would ( ) not drive to Halton to attend the seminar, there will be another one held next month right here in Oxford.

(A) somewhat　(B) rather

(C) already　(D) often

### 単語の意味

**attend**[əténd]…～に参加する　**right here**…ちょうどここで

答え (C) approaching

（難問・4章第8問）

選択肢には現在分詞が並んでいます。the registration deadline is ( )「登録の締め切りが～している」の「～」部分にどの現在分詞を入れれば全体の意味が通るかを考えます。

that 節 の 主語 は the deadline「 締 め 切 り 」 な の で、(C) approaching「近づく、近づいている」を入れれば「締め切りが近づいている」となり、文意が通ります。

approach には名詞「手法、取り組み方」としての用法もあります。Our new approach is more comprehensive and effective.「新しい手法はより包括的で効果的です」のように用います。

**訳** ダラスの年次会議に出席予定の方々に、登録の締め切りが近づいていることをお知らせします。

(A)～を始める (B)～を代表する (D)終わる の現在分詞

答え (B) rather

（炎・第4問）

選択肢には副詞が並んでいます。If you would ( ) not drive to Halton to attend the seminar 部分で使われている would ( ) not に着目しましょう。

空欄に (B) rather「むしろ」を入れれば、would rather not となり、「できれば～したくない」の意味になります。

would rather not は I would rather not ～「できれば～したくない」という言い方でよく使われ、丁寧に断る場合に使われます。would rather not の表現を知っていれば、If you would ( ) not drive to Halton to attend the seminar 部分を読んだだけで正解がわかります。

**訳** セミナーに出席するのにハルトンまで運転したくないのであれば、来月ちょうどここオックスフォードで開催されるのがありますよ。

(A)いくぶん (C)すでに (D)しばしば

# 第 101 問

次の選択肢の中から正しいものを選びなさい。

The Dalton Art Exhibition will be displayed only in ( ) that meet the owner's strict security requirements.

(A) collaborations (B) elimination
(C) reputations (D) venues

**単語の意味**

display[dɪspléɪ]…〜を展示する、表示する　strict[stríkt]…厳しい、厳重な
security[sɪkjúərəti]…セキュリティー、警備、防犯
requirement[rɪkwáɪərmənt]…要件、必要条件

# 第 102 問

次の選択肢の中から正しいものを選びなさい。

Unless ( ) noted on the Web site, all sales of discounted items are final and may not be returned to the retailer for any reason.

(A) someone (B) those
(C) also (D) otherwise

**単語の意味**

sales[séɪlz]…特売、売り出し、セール
discounted[dískaʊntɪd]…値引きされた、割引になっている　item[áɪtəm]…品物、品目
final[fáɪnl]…最終的な、変更不可能な　retailer[rí:tèɪlər]…小売店、小売業者

► 第101問

**答え** (D) venues

(パート5・第8問)

選択肢には名詞が並んでいます。The Dalton Art Exhibition will be displayed only in (　)「ダルトン美術展は〜でのみ展示される」の「〜」部分にどの名詞を入れれば全体の意味が通るかを考えます。

(D) venues「会場、開催地」であれば、文意が通ります。venue のような、パート7で頻繁に使われていた少しフォーマルな単語がパート5でも出題されるようになりました。

venue を簡単な単語で言い換えれば、place「場所」です。ほかの類義語として、site や location もあります。

**訳** ダルトン美術展は、所有者の厳格なセキュリティー要件を満たす会場でのみ展示されます。

(A)協力、協調　(B)除外、削除　(C)評判、世評

► 第102問

**答え** (D) otherwise

(緑・1章第10問)

慣用表現の問題です。Unless (　) noted on the Web site の空欄部分に何を入れれば文意が通るかを考えます。(D) **副詞 otherwise「そうでなければ」**を入れれば、Unless otherwise noted となり「特に断りのない限り」の意味になるので文意が通ります。

Unless otherwise noted は元々は Unless (it is) noted in other ways の it is 部分を省略し、in other ways が otherwise に変化したものです。unless otherwise indicated「特に指示がない限り」、unless otherwise specified「特に規定がない限り」のように、〈unless otherwise ＋過去分詞〉の形で、少しフォーマルなビジネス文書でよく使われます。

**訳** ホームページに特に断りのない限り、全ての値引き商品は最終価格であり、いかなる理由であっても店へ返品することはできません。

(A)誰か　(B)それら　(C)〜もまた

# 第**103**問

次の選択肢の中から正しいものを選びなさい。

Although the relationship has been (　　) beneficial, a spokesperson for Thurman Designs said that the two companies would work independently.

(A) exactly (B) commonly

(C) mutually (D) dominantly

### 単語の意味

**relationship**[rɪléɪʃənʃìp]…関係、関わり合い
**beneficial**[bènəfíʃəl]…有益な、ためになる
**spokesperson**[spóukspə̀ːrsn]…広報担当者
**independently**[ìndɪpéndəntli]…単独で、独力で

# 第**104**問

次の選択肢の中から正しいものを選びなさい。

Your international driver's license is valid for one year, but please note that it is to be used in designated countries (　　).

(A) even (B) also

(C) neither (D) only

### 単語の意味

**valid**[vǽlɪd]…有効な、合法的な
**note**[nóut]…～に注意する、気を付ける、～を書き留める
**designated**[dézɪgnèɪtəd]…指定された、指名された

**答え** (C) mutually

（難問・1章第9問）

選択肢には副詞が並んでいます。Although the relationship has been (　　) beneficial「その2社の関係は〜利益をもたらすものではあるが」という箇所の「〜」部分にどの副詞を入れれば全体の意味が通るかを考えます。

Although が導く従属節では、コンマ以降の主節と対比する内容が述べられます。(C) mutually「相互に、互いに」であれば意味が通ります。形容詞の mutual を使って、mutual trust「相互信頼」という表現で mutual を問う問題としても出題されています。

**訳** その2社の関係は互恵的ではあるものの、サーマン・デザインズ社の広報担当者は、両社は別々に活動していくと述べました。

(A)正確に、厳密に　(B)一般に、通例　(D)優勢に、支配的に

**答え** (D) only

（レッスン・5章第6問）

選択肢には副詞が並んでいます。please note that it is to be used in designated countries (　　)「指定された国で〜使用されることにご留意ください」の「〜」部分にどの副詞を入れれば全体の意味が通るかを考えます。

(D) only「ただ〜だけ、もっぱら〜だけ」であれば「指定された国でだけ」となり、文意が通ります。実際に出題されたタイプの問題ですが、**文末に置く副詞 only の使い方は英文を読み慣れていなければ難しいかもしれません**。また、形容詞としての only は知っているけれど、副詞としての用法があることを知らない人も多いです。

**訳** あなたの国際免許証は1年間有効ですが、指定された国でしか使用できないことにご留意ください。

(A)〜でさえ　(B)〜もまた　(C)〜もまた…しない

# 第 105 問

次の選択肢の中から正しいものを選びなさい。

When Kwi Lu offered his resignation to the company, he was told that the firm would (　　) any salary offer as it did not want to lose its top performer.

(A) address (B) represent

(C) match (D) appreciate

### 単語の意味

**resignation**[rèzignéɪʃən]…辞職　**firm**[fə́:rm]…会社、商店、企業
**offer**[ɔ́:fər]…申し出、提案、提供　**performer**[pərfɔ́:rmər]…する(行う)人、実行者、行為者

# 第 106 問

次の選択肢の中から正しいものを選びなさい。

In order to comply with new labor laws, the company took measures to ensure that employees were able to take their annual (　　).

(A) leave (B) transfer

(C) accommodation (D) vacancy

### 単語の意味

**in order to ～**…～するために　**comply with ～**…～に従う、～を順守する、～に応じる
**labor law**…労働法　**take measures**…手段を講じる
**ensure**[enʃúər]…～を確実にする、保証する　**annual**[ǽnjuəl]…年に1度の、例年の

答え (C) match (7・5章第 23 問)

選択肢には動詞が並んでいます。he was told that the firm would ( ) any salary offer「（転職先からの）いかなる給与提示額にも〜つもりだと彼（＝クィ・ルー）は言われた」の「〜」部分にどの動詞を入れれば全体の意味が通るかを考えます。
(C) match「〜に匹敵する、〜と同額を支払う」を入れれば、文意が通ります。

match には他に「（要求など）に合わせる」の意味もあり、Ace Rentals offers a range of services to match your needs.「エース・レンタルズでは、ニーズに合わせてさまざまなサービスを提供しています」のように用います。

訳 クィ・ルーが会社に辞意を伝えたところ、最高の成績を上げている社員を失いたくないと考えている会社側から、（転職先からの）いかなる給与提示額にも合わせるつもりであると聞かされました。

(A)（問題など）を扱う (B)〜を表す、代表する (D)〜に感謝する、〜を正しく評価する

答え (A) leave (7・2章第 25 問)

選択肢には名詞が並んでいます。コンマまでで「新しい労働法を遵守するために」と言っていて、そのために会社が講じた措置が接続詞 that 以降に述べられています。
空欄に (A) leave「休暇の許可、休暇の期間」を入れれば「従業員が年次休暇を確実に取れるような措置を講じた」となり、文意が通ります。

annual leave「年次休暇」という表現は外資系企業では日常的に使われています。使い慣れている人であれば、employees were able to take their annual ( ) 部分を見るだけで解答できる問題です。paid leave「有給休暇」も併せて覚えておきましょう。

訳 新しい労働法を遵守するため、その会社では従業員が年次休暇を確実に取れるような措置を講じました。

(B)移転、異動 (C)宿泊設備[施設] (D)（職、場所の）空き

# 第107問

次の選択肢の中から正しいものを選びなさい。

When the collector attempted to sell his painting by a famous artist, he was shocked to find that it was not (    ).

(A) authentic      (B) legitimate

(C) reliable       (D) consistent

### 単語の意味

collector[kəléktər]…収集家　attempt to ~…~しようと試みる
painting[péintiŋ]…絵画

# 第108問

次の選択肢の中から正しいものを選びなさい。

When Japanese companies face difficulty with production costs, it is (    ) the case to move their factory to a region with low labor costs.

(A) often       (B) still

(C) seldom      (D) already

### 単語の意味

face difficulty…困難に直面する　production cost…製造原価、製作費
region[rí:dʒən]…地域、地方　labor cost…人件費

▶ 第 107 問

答え (A) authentic

(4・3章第7問)

選択肢には形容詞が並んでいます。he was shocked to find that it was not (    )「彼（＝美術品収集家）はそれ（＝有名な画家の絵画）が〜でないとわかり、ショックを受けた」の「〜」部分にどの形容詞を入れれば全体の意味が通るかを考えます。

(A) authentic「**本物の、正真の**」を入れれば、文意が通ります。authentic は The city has many authentic Italian restaurants.「この街には本格的なイタリアンレストランがたくさんあります」のように「本格的な」の意味でも使われます。名詞 authenticity「本物であること、確実性」も覚えておきましょう。

訳 美術品収集家は所有している有名な芸術家の絵画を売ろうとしたとき、それが本物でないとわかりショックを受けました。

(B)適法の　(C)信頼できる　(D)一貫した

▶ 第 108 問

答え (A) often

(4・3章第21問)

選択肢には副詞が並んでいます。it から始まる主節で it is (    ) the case to move their factory to a region「自社の工場を地域に移転させることが〜ケースだ」と言っています。この「〜」部分にどの副詞を入れれば全体の意味が通るのかを考えます。

(A) often「しばしば」を入れると、it is often the case「よくあることだ」という慣用表現になります。問題文では to move と不定詞が続いていますが、it is often the case that 〜 と that 節が続くこともあります。どちらも it は形式主語で、本来の主語は to 不定詞 /that 節以下を指します。

訳 日本企業は製造コストの面で問題を抱えると、多くの場合、自社の工場を人件費が安い地域に移転させます。

(B)まだ　(C)めったに〜ない　(D)すでに、もう

# 第109問

次の選択肢の中から正しいものを選びなさい。

Expansion of capital resources is (　　) to economic prosperity in a capitalist country.

(A) inspiring　　(B) integral

(C) prestigious　　(D) outstanding

### 単語の意味

expansion[ɪkspǽnʃən]…拡大、拡張　capital resources…資本資源
prosperity[prɑ:spérəti]…繁栄　capitalist country…資本主義国家

# 第110問

次の選択肢の中から正しいものを選びなさい。

The consultant to venture businesses almost (　　) gives inspiring presentations, so he is in much demand as a speaker.

(A) recently　　(B) always

(C) already　　(D) never

### 単語の意味

inspiring[ɪnspáɪərɪŋ]…人々を鼓舞する、感激させる　demand[dɪmǽnd]…需要

答え (B) integral
(4・4章第21問)

選択肢には形容詞が並んでいます。Expansion of capital resources is (　　) to economic prosperity「資本資源の拡大は、経済的繁栄にとって〜なものだ」の「〜」部分にどの形容詞を入れれば全体の文意が通るかを考えます。

(B) integral「**不可欠な、必須の**」であれば、全体の意味が通ります。integral は少し難しい単語ですが、integral part of 〜「〜の不可欠な部分」のような表現でビジネス関連のレポートなどではよく使われます。

訳 資本資源の拡大は、資本主義国家の経済的繁栄にとって不可欠なものです。

(A)感激させる、奮起させる　(C)名声のある、一流の　(D)目立った、顕著な

答え (B) always
(3・5章第6問)

選択肢には副詞が並んでいます。The consultant to venture businesses almost (　　) gives inspiring presentations「ベンチャー企業向けのそのコンサルタントは、ほとんど〜人の気持ちを鼓舞するプレゼンテーションをする」の「〜」部分に入り、almost「ほとんど」に続く副詞を選ばなければなりません。

(B) always を入れれば、文意が通ります。almost も副詞でalways も副詞なので、間違った英文ではと思う人がいるかもしれませんが、「副詞を修飾するのも副詞」なので正しい英文です。almost always「ほとんどいつも」は**慣用的に使われて**いて、英文を読んでいるとよく目にする表現です。

訳 そのベンチャービジネスコンサルタントは、たいていの場合、人の気持ちを鼓舞するプレゼンテーションを行うため、講演者として引く手あまたです。

(A)最近　(C)すでに　(D)決して〜ない

# 第111問

次の選択肢の中から正しいものを選びなさい。

Headquarters has announced the strategy to sell the new machine, so we must (    ) tactics to carry out a successfull marketing plan.

(A) encounter    (B) convene

(C) identify    (D) deteriorate

### 単語の意味

**headquarters**[hédkwɔ̀ːrtərz]…本社、本部　**strategy**[strǽtədʒi]…戦略、計画
**tactics**[tǽktɪks]…方策、戦術　**carry out**…～を実行する、果たす

# 第112問

次の選択肢の中から正しいものを選びなさい。

The delivery company promised overnight delivery but (    ) a higher cost.

(A) with    (B) on

(C) at    (D) in

### 単語の意味

**delivery**[dɪlívəri]…配送、配達　**promise**[prάːməs]…～を約束する
**overnight**[óuvərnàɪt]…翌日配達の、夜通しの

**答え** (C) identify　　　　　　　　　　　　　（2・5章第30問）

選択肢には動詞が並んでいます。we must (　　) tactics to carry out a successfull marketing plan「マーケティングプランを首尾よく実行するための方策を〜しなければならない」の「〜」部分にどの動詞を入れれば全体の意味が通るかを考えます。tactics「方策」を目的語にとり、意味が通るのは (C) identify「〜を特定する、明確にする」です。

「〜の身元確認をする」という意味での identify は知っていても、この問題文のような使い方は知らなかった人が多いはずです。なお、Technicians are trying to identify the cause of the problem.「技術者が問題の原因を特定すべく取り組んでいます」のように、原因を特定する際にも identify は用いられます。

**訳** 本社がその新しい機械の販売戦略を発表したので、私たちはマーケティングプランを首尾よく実行するための方策を明確にしなければなりません。

(A)〜に遭遇する　(B)(会議など)を招集する　(D)悪化する

**答え** (C) at　　　　　　　　　　　　　　（1・5章第22問）

選択肢には前置詞が並んでいます。空欄の後ろは a higher cost になっています。価格が「〜で」と表現する場合、前置詞は (C) at を使います。

「at + 価格」の例としては、他に at competitive rates「競争力のある価格で、低価格で」や at a flat rate「定額料金で」があります。ちなみに、at <u>a</u> cost of 〜だと「〜の費用で」という意味ですが、at <u>the</u> cost of 〜だと「〜を犠牲にして」の意味になります。注意しましょう。

**訳** 配送会社は費用は少し高いけれど、翌日配送を約束しました。

(A)〜と一緒に　(B)〜の上に　(D)〜の中に

# 第113問

次の選択肢の中から正しいものを選びなさい。

The company executives watch what customers ( ) so that production will be in line with what has sold well.

(A) dispose
(B) consume
(C) supply
(D) dissolve

**単語の意味**

production[prədʌkʃən]…生産、生産高　in line with ～…～と一致して

---

# 第114問

次の選択肢の中から正しいものを選びなさい。

Much time, effort and money were necessary before carrying out the ( ) negotiation to acquire the new solar energy company.

(A) negligible
(B) obtainable
(C) consecutive
(D) impending

**単語の意味**

carry out…～を実行する、成し遂げる　negotiation[nəgòuʃiéiʃən]…交渉、話し合い
acquire[əkwáiər]…～を買収する、獲得する　solar energy…太陽エネルギー

**答え** (B) consume

選択肢には動詞が並んでいます。The company executives watch what customers (　　) 「会社の経営幹部は顧客が〜するものを観察する」の「〜」の部分にどの動詞を入れれば全体の意味が通るかを考えます。

(B) consume「〜を消費する」であれば、文意が通ります。**名詞 consumer「消費者」、consumption「消費」も頻繁に使われます。**Many consumers rely on online reviews.「消費者の多くはオンラインのレビューを頼りにしています」や Consumption of sports drinks starts to increase in June.「スポーツドリンクの消費は6月から増え始めます」のように用います。

> **訳** その会社の経営幹部は、売れ筋に合わせた生産を行うため、顧客が何を消費するかに注目しています。

(A)処分する　(C)〜を供給する　(D)〜を解散する、解消する

---

**答え** (D) impending

選択肢には形容詞が並んでいます。Much time, effort and money were necessary before carrying out the (　　) negotiation「〜な交渉を行う前に、かなりの時間、努力、そして資金が必要だった」の「〜」部分にどの形容詞を入れれば全体の文意が通るかを考えます。

(D) impending「差し迫った、近々の」であれば、文意が通ります。類義語 upcoming「来たるべき、間近に迫る」も覚えておきましょう。The upcoming holiday has caused hotel prices to surge.「間近に迫る祭日のせいでホテル料金が高騰しています」のように用います。

> **訳** 間近に迫っていた新しい太陽エネルギー会社の買収交渉を行う前に、多くの時間、努力、そして経費が必要でした。

(A)取るに足りない　(B)手に入る　(C)連続した

# 第115問

次の選択肢の中から正しいものを選びなさい。

The advertising company cautioned its client that handing out fliers is an (     ) form of advertising.

(A) estimated
(B) ambiguous
(C) outdated
(D) excessive

**単語の意味**

advertising company…広告会社　caution[kɔ́:ʃən]…～を警告する、忠告する
hand out ～…～を配る　flier[fláɪər]…チラシ、ビラ

# 第116問

次の選択肢の中から正しいものを選びなさい。

The company confirmed that it would build new plants abroad, ending months of (     ) whether it would do so or not.

(A) apprehension
(B) compensation
(C) speculation
(D) completion

**単語の意味**

confirm[kənfɔ́:rm]…～を確認する、確かめる　plant[plǽnt]…工場、工場設備
abroad[əbrɔ́:d]…海外に、外国へ

**答え** (C) outdated　　　　　　　　　(4・5章第16問)

選択肢には形容詞と形容詞化した過去分詞が並んでいます。
handing out fliers is an (　　) form of advertising「チラシを配るのは〜広告方法だ」という箇所の「〜」部分にどの単語を入れれば全体の意味が通るかを考えます。

(C) outdated「時代遅れの、古くさい」を入れれば、文意が通ります。類義語の out-of-date [obsolete]「時代遅れの」も一緒に覚えましょう。

**訳** その広告会社は顧客に、チラシを配るのは時代遅れの広告手法だと忠告しました。

(A)推測の、大体の　(B)あいまいな、不明瞭な　(D)度を越した、過度の

**答え** (C) speculation　　　　　　　(5・5章第18問)

選択肢には名詞が並んでいます。ending months of (　　) whether it would do so or not「そうすべきかどうかという数カ月の〜を終え」の「〜」部分にどの名詞を入れれば全体の意味が通るかを考えます。

(C) speculation「熟考、思索」を入れて、「数カ月間よく考えた後に」とすれば、文意が通ります。

speculation には他にも「投機」という意味があります。ビジネス関連の英文ではこの意味でもよく使われますが、TOEICでは「熟考、思索」という意味でしか出題されていません。

**訳** その企業は海外に新工場を建設すべきかどうかについて数カ月間検討を重ね、最終的にそうすることを確認しました。

(A)懸念、心配　(B)報酬、賠償　(D)完成、終了

# 第117問

次の選択肢の中から正しいものを選びなさい。

The letter failed to reach its destination because it had been (　　) addressed and returned to the sender.

(A) precisely　　(B) improperly

(C) conveniently　(D) exceptionally

### 単語の意味

fail to ～…～し損なう、～できない　destination[dèstənéiʃən]…目的地、行先
address[ədrés]…宛名を書く、(郵便物などを)人に宛てる
sender[séndər]…送り主、差出人

# 第118問

次の選択肢の中から正しいものを選びなさい。

Agreement from the chairman was a big step (　　) having the annual budget approved.

(A) toward　　(B) notwithstanding

(C) since　　(D) even

### 単語の意味

agreement[əgríːmənt]…合意、同意、了解　chairman[tʃéərmən]…会長、議長、委員長
annual budget…年度予算　approve[əprúːv]…～を承認する、認可する

答え (B) improperly

選択肢には副詞が並んでいます。because it had been (　　) addressed and returned to the sender「それ（＝手紙）は〜宛名が書かれていたために差出人に戻された」の「〜」部分にどの副詞を入れれば全体の意味が通るかを考えます。

手紙が送付先に届かなかった理由なので、(B) improperly「**不適切に、誤って**」が正解だとわかります。be improperly addressed で「誤って宛名が書かれている」という意味です。**反意語である properly「適切に」も出題されています。**

improperly で使われている im- は、「不〜」を表す接頭辞です。

**訳** その手紙は宛先が間違っていたために送付先には届かず、差出人に戻されました。

(A)正確に　(C)便利に、都合よく　(D)非常に、例外的に

答え (A) toward

選択肢には前置詞と副詞が並んでいます。空欄後に動名詞 having が続いているので、空欄後の having the annual budget approved 部分は名詞句になっているとわかります。名詞句の前に置いて使えるのは前置詞です。副詞を置くことはできません。(D) even は副詞なので、不適切です。残った (A) toward、(B) notwithstanding、(C) since は全て前置詞の用法があるので、どれであれば全体の意味が通るかを考えます。

(A) toward「**〜に対して、〜に向かって**」であれば「年間予算を承認してもらうことに向けての大きな1歩だった」となり、文意が通ります。

**訳** 会長の同意は、年間予算の承認に向けた大きな1歩となりました。

(B)〜にもかかわらず　(C)〜以来ずっと　(D)〜でさえ

# 第119問

次の選択肢の中から正しいものを選びなさい。

Companies that employ more than 300 local workers are (　　) from the six percent tax premium to be imposed on all revenue.

(A) allowed  (B) included

(C) preventive  (D) exempt

### 単語の意味

employ[emplɔ́ɪ]…〜を雇う、雇用する　local worker…現地労働者
tax premium…加算税、割増税　impose[ɪmpóʊz]…(税金など)を課す
revenue[révən(j)ùː]…総収入、歳入

# 第120問

次の選択肢の中から正しいものを選びなさい。

If the merger is approved, it will (　　) the company's position as leader of the European steel industry.

(A) specify  (B) upgrade

(C) solidify  (D) occupy

### 単語の意味

merger[mə́ːrdʒər]…合併　approve[əprúːv]…〜を承認する、認可する
steel industry…鉄鋼業、製鉄業

**答 え** (D) exempt

(7・3章第 8 問)

選択肢には形容詞と形容詞化した過去分詞が並んでいます。
Companies that employ more than 300 local workers are (   )
from the six percent tax premium「300 人を超す現地従業員を
雇用している企業は、6 パーセントの加算税から〜である」の
「〜」部分にどの単語を入れれば全体の意味が通るかを考えます。
**形容詞 (D) exempt「免れた、免除された」**であれば「加算税
が免除される」となり、文意が通ります。exempt には動詞と
しての用法もあります。
動詞 exempt「〜に（…を）免除する」と名詞 exemption「免
除」も覚えておきましょう。

**訳** 300 人を超す現地従業員を雇用している企業は、全収入に対して課さ
れる 6 パーセントの加算税が免除されます。

(A)「〜に許す」の過去分詞　(B)「〜を含む」の過去分詞　(C)予防の

**答 え** (C) solidify

(6・2章第 20 問)

選択肢には動詞が並んでいます。If the merger is approved, it
will (   ) the company's position as leader of the European
steel industry「その合併事案が承認されれば、その会社の欧州
における鉄鋼業界最大手としての地位を〜とする」の「〜」部
分にどの動詞を入れれば全体の意味が通るかを考えます。
合併によって会社の地位がどのようになるかを考えれば、(C)
**solidify「〜を強固にする、固める」**が正解だとわかります。
solidify は少し難しい単語ですが、TOEIC にも出題される solid
「確固とした、固い」という形容詞を知っていれば、その動詞
ではないかと推測できます。

**訳** その合併事案が承認されれば、その会社の欧州における鉄鋼業界最大
手としての地位は確固たるものとなります。

(A)〜を具体的に述べる　(B)〜を格上げする　(D)〜を占有する

# 第121問

次の選択肢の中から正しいものを選びなさい。

The Ministry of Health, Labor and Welfare is testing the (　) of the medicine for which a pharmaceutical company is awaiting approval.

(A) materials　　(B) ingredients

(C) chemicals　　(D) factors

**単語の意味**

The Ministry of Health, Labor and Welfare…厚生労働省
test[tést]…〜を検査する　pharmaceutical company…製薬会社
await[əwéit]…〜を待つ　approval[əprúːvl]…承認、正式の認可

# 第122問

次の選択肢の中から正しいものを選びなさい。

The automobile assembly line will adopt new robots, so the present machinery will become (　).

(A) aware　　(B) efficient

(C) eligible　　(D) obsolete

**単語の意味**

assembly line…組み立てライン　adopt[ədάːpt]…〜を採用する
present[préznt]…現在の　machinery[məʃíːnəri]…機械、機械類、機械装置

▶ 第 121 問

**答え** (B) ingredients

(1・1章第 14 問)

選択肢には名詞が並んでいます。The Ministry of Health, Labor and Welfare is testing the ( ) of the medicine「厚生労働省は、薬の～を検査しているところだ」の「～」部分にどの名詞を入れれば全体の意味が通るかを考えます。

選択肢の中で意味が通るのは、(B) ingredients「成分、原料」しかありません。ingredient は「食材」の意味でも頻繁に使われます。The key ingredient in the recipe comes from Brazil.「このレシピに重要な食材はブラジル原産です」のように用い、この意味を問う問題としても出題されています。

**訳** 厚生労働省は、ある製薬会社が承認を待っている薬の成分を検査しているところです。

(A)物質 (C)化学物質 (D)要素 の複数形

▶ 第 122 問

**答え** (D) obsolete

(3・5章第 26 問)

選択肢には形容詞が並んでいます。the present machinery will become ( )「現在の機械装置は～になる」の「～」部分にどの形容詞を入れれば全体の意味が通るかを考えます。
(D) obsolete「時代遅れの、すたれた」を入れれば、文意が通ります。

**類義語 outdated「旧式の、時代遅れの」も覚えておきましょう。**Production is slow because the equipment is outdated.「設備が旧式なので、生産速度が落ちています」のように用います。

**訳** その自動車の組み立てラインでは新しいロボットを採用するので、現在の機械装置は時代遅れになります。

(A)気がついて (B)効率的な (C)資格のある、適格な

# 第123問

次の選択肢の中から正しいものを選びなさい。

The magazine announced the (　　) of articles would be extended until the end of the month.

(A) consent
(B) submission
(C) content
(D) possession

**単語の意味**

extend[ɪksténd]…～を延長する、延ばす

# 第124問

次の選択肢の中から正しいものを選びなさい。

Even though the (　　) for installing software has become easier in recent years, the customer service center receives inquiries daily.

(A) procedure
(B) guideline
(C) permission
(D) content

**単語の意味**

even though ～…～であるにもかかわらず　inquiry[ɪnkwáɪəri]…質問、問い合わせ
daily[déɪli]…日々、常に、絶えず

答え (B) submission

選択肢には名詞が並んでいます。空欄少し前の announced 以降にその雑誌が発表した内容が書かれています。announced の後ろには接続詞 that が省略されています。

the (　　) of articles would be extended until the end of the month「記事の〜を今月末まで延長するということを発表した」の「〜」部分にどの名詞を入れれば全体の文意が通るかを考えます。選択肢の中で意味が通るのは、(B) submission「投稿、提出」しかありません。

動詞 submit「〜を投稿する、提出する」も TOEIC 頻出単語です。

訳 その雑誌は記事の投稿を今月末まで延長するということを発表しました。

(A)同意、承諾　(C)内容、実質　(D)所有、所有物

答え (A) procedure

選択肢には名詞が並んでいます。Even though the (　　) for installing software has become easier in recent years「近年ではソフトウエアのインストールの〜が簡単になったが」の「〜」部分にどの名詞を入れれば全体の意味が通るかを考えます。

(A) procedure「手順、手続き」を入れれば「ソフトウエアのインストールの手順が簡単になったが」となり、文意が通ります。procedure はビジネスで頻繁に使われる単語なので、パート5だけでなく他のパートでも時々使われます。動詞は proceed「進む、続ける」です。proceed to 〜「〜へ進む」の形でも出題されています。

訳 近年はソフトウエアのインストール手順が簡単にはなりましたが、顧客サービスセンターには質問が毎日寄せられています。

(B)指針、指導基準　(C)許可、承認　(D)内容、中身

# 第125問

次の選択肢の中から正しいものを選びなさい。

Anyone who was given a Black VIP pass will be granted access to the backstage area for the (　　) of the music awards.

(A) creation   (B) monitor

(C) volume   (D) duration

### 単語の意味

**anyone who** 〜…〜する誰でも　**grant A to B**…Aに対してBを与える、許可する
**award**[əwɔ́ːrd]…賞

# 第126問

次の選択肢の中から正しいものを選びなさい。

(　　) October 15, employees must notify their immediate supervisor when taking laptops or other devices from the premises.

(A) With   (B) As of

(C) Toward   (D) As for

### 単語の意味

**employee**[emplɔ́ɪiː]…従業員、会社員　**notify**[nóʊtəfài]…〜に知らせる、通知する
**immediate supervisor**…直属の上司　**device**[dɪváɪs]…機器
**premises**[prémɪsiz]…(複数形で) 施設、建物、敷地

**答え** (D) duration

(パート 5・第 85 問)

選択肢には名詞が並んでいます。for the (　　) of the music awards「音楽賞の〜」の「〜」部分にどの名詞を入れれば全体の意味が通るのかを考えます。

(D) duration「継続期間、持続時間」であれば、文意が通ります。duration は duration of the contract「契約期間」のようにビジネスでもよく使われる単語です。過去にはビジネスでよく使われる表現での出題が多かったので仕事で英語を使っている人は正解しやすかったのですが、この問題のように (　　) of the music awards と、ビジネス以外のシチュエーションで使われると少し難しいかもしれません。

**訳** ブラック VIP パスをお持ちの方は、音楽賞の間、舞台裏へのアクセスが許可されています。

(A)創造、創作　(B)監視装置、監視要員　(C)量、分量

---

**答え** (B) As of

(炎・第 45 問)

選択肢には前置詞と群前置詞が並んでいます。コンマ以降で、employees must notify their immediate supervisor「従業員は直属の上司に報告する必要がある」と言っています。(　　) October 15 をこの文の前に置き、意味がつながるようにするには、(B) As of「〜以降」を入れるしかありません。

as of 〜は「〜以降」以外にも「〜現在で」という意味もあり、この意味の as of は会計レポートなどでよく使われます。

as of の類義語として starting「(ある時間) 以降」があり、We would like to offer you a position starting in July.「7 月からあなたに職を提供したいと思います」のように用います。

**訳** 10 月 15 日以降、ノートパソコンやその他の機器を施設から持ち出すときには、従業員は直属の上司に報告する必要があります。

(A)〜と一緒に、〜が原因で　(C)〜の方へ、〜に向かって　(D)〜に関しては

# 第 127 問

次の選択肢の中から正しいものを選びなさい。

You are requested to (　　) "not applicable" on parts of the questionnaire that refer to services you have not used before.

(A) mark

(B) try

(C) delete

(D) examine

単語の意味

request[rikwést]…～を求める、依頼する　applicable[ǽplikəbl]…適用される、適用
できる　questionnaire[kwèstʃənéər]…アンケート、調査票
refer to ～…～に言及する、～を参照する

# 第 128 問

次の選択肢の中から正しいものを選びなさい。

Security procedures will remain unchanged, (　　) staff will require newly issued ID badges when entering the building.

(A) while

(B) except that

(C) as long as

(D) in order to

単語の意味

procedure[prəsíːdʒər]…手順、手続き　newly issued…新たに発行された

**答え** (A) mark

(炎・2 第 53 問)

選択肢には動詞が並んでいます。You are requested to (　　)
"not applicable"「『該当なし』に〜をするように求められている」の「〜」部分にどの動詞を入れれば全体の意味が通るかを考えます。

(A) mark「〜に印をつける」が正解です。mark は過去にも出題された単語ですが、mark red on the fragile items「壊れやすい商品に赤色の印をつける」のような、もう少しわかりやすい表現でした。**この問題を難しくしているのは、空欄後に置かれた "not applicable"「該当なし」です。** この意味がわからなければ、正解の mark を選べません。実際に、この形で出題されています。

**訳** アンケートで今までに利用したことのないサービスに言及している箇所は、「該当なし」に印をつけてください。

(B)〜を試す　(C)〜を消去する　(D)〜を調べる

**答え** (B) except that

(炎2・第 51 問)

文頭からコンマまでも、コンマ以降も節（＝ S ＋ V を含むかたまり）です。(D) in order to は後ろに動詞の原形が続くので、この時点で不正解です。文頭からコンマまでで「セキュリティ検査の手順は変わらない」と言っていて、空欄以降では「スタッフはビルに入るときに新しく発行された ID バッジを必要とする」と言っています。これら二文をつないで文の意味が通るのは、(B) の except that「〜であることを除いては」だけです。

〈接続詞 that ＋ S ＋ V〉で「S が V するということ」の意味になります。さらにその前に前置詞の except「〜を除いて」を置くと、「S が V するということを除いて」という意味になります。

**訳** スタッフはビルに入るときに新しく発行された ID バッジが必要であることを除いて、セキュリティ検査の手順は変わりません。

(A)〜する間に、〜の一方で　(C)〜する限りは　(D)〜するために

# 第129問

次の選択肢の中から正しいものを選びなさい。

Most fans of the movie series Diamond Dan agree that the latest film, Adventures in the Sea, is the best one (　　).

(A) over (B) between

(C) yet (D) more

### 単語の意味

agree[əgríː]…～に同意する、合意する　latest[léɪtɪst]…最新の、最近の

# 第130問

次の選択肢の中から正しいものを選びなさい。

To comply with the terms of the contract between our firm and Holden Securities, (　　) must be taken to reduce the risk of data leaks.

(A) trust (B) perception

(C) precautions (D) relevance

### 単語の意味

comply with ～…～に従う、応じる　terms[tə́ːrmz]…条件
contract[kɑ́ːntrækt]…契約、契約書　securities[sɪkjúərətiz]…（複数形で）証券
risk[rísk]…リスク、危険　leak[líːk]…漏えい、漏れ

### 答え (C) yet

（パート 5・第 32 問）

選択肢には品詞や意味など、さまざまな使い方ができる語が並んでおり、的を絞りづらい問題です。問題文は〈S + V + that 節〉の形をとっており、接続詞 that 以下に完全な文が続いています。that 以下は the latest film, Adventures in the Sea, is the best one (　　) となっていて、空欄部分を除いたとしても完全文になっているので、空欄には修飾語としてしか使えない副詞が入るはずだと推測できます。

**空欄直前が the best one と最上級です。最上級を示す語の後に置いて「これまでに」という意味で使える副詞の (C) yet を入れれば、「これまでに（見た）最高作だ」となり、文意も通ります。**

> **訳** 映画シリーズ『ダイアモンド・ダン』のファンの大半は、最新作『アドベンチャーズ・イン・ザ・シー』がこれまでの最高作だと口をそろえます。

(A)至る所に　(B)〜の間に　(D)いっそう

### 答え (C) precautions

（パート 5・第 119 問）

選択肢には名詞が並んでいます。(　　) must be taken to reduce the risk of data leaks「データ漏えいのリスクを減らすための〜がとられなければならない」の「〜」部分にどの名詞を入れれば全体の意味が通るのかを考えます。

precaution「**予防措置、予防策、警戒**」の複数形である (C) precautions であれば、文意が通ります。take precautions で「**予防措置をとる**」という意味になります。

(A) trust や (D) relevance を選んだ人がいると思いますが、ここでは動詞に take が使われています。take trust とか take relevance という使い方はしません。

> **訳** 当社とホールデン証券との間の契約条件に従い、データ漏えいのリスクを減らすための予防措置をとる必要があります。

(A)信頼、信用　(B)認識、知覚　(D)関連性

# 第131問

次の選択肢の中から正しいものを選びなさい。

(　　) a long winter that delayed the beginning of construction, it appears that the project will finish as originally scheduled.

(A) Notwithstanding　(B) Without

(C) On behalf of　(D) As long as

### 単語の意味

delay[dɪléɪ]…〜を遅らせる、延期する　construction[kənstrʌ́kʃən]…建設、建築
appear[əpíər]…(〜のように)見える、(〜のように)思われる
originally[ərídʒənəli]…最初は、当初は

# 第132問

次の選択肢の中から正しいものを選びなさい。

Because the restaurant has a close (　　) with many area farmers, it is easy for it to offer farm-fresh items on its menu.

(A) satisfaction　(B) permission

(C) association　(D) reference

### 単語の意味

close[klóus]…密接な　offer[ɔ́ːfər]…〜を提供する、与える
farm-fresh…産地直送の　item[áɪtəm]…品目、項目、事項

答 え (A) Notwithstanding 　　　　　　　　　（炎・第 76 問）

文構造を見ると、空欄後からコンマまでが名詞句で、コンマの後ろに節（＝ S ＋ V を含むかたまり）が続いています。**空欄には前置詞か前置詞の働きをする群前置詞を入れればいいとわかります。**(A) Notwithstanding と (B) Without は前置詞、(C) On behalf of は群前置詞です。(D) As long as は接続詞の働きをし、後ろには節が続くので、この時点で除外できます。

空欄に (A)(B)(C) のどれを入れれば全体の意味が通るかを考えます。(A) Notwithstanding「〜にもかかわらず」を入れれば、文意が通ります。ビジネスレポートや契約書などの少しフォーマルな英文で多用される前置詞で、despite と同じ意味です。

訳　長い冬が建設開始を遅らせたにもかかわらず、そのプロジェクトは当初の予定通り完了しそうです。

(B) 〜なしで　(C) 〜の代表として　(D) 〜である限りは

答 え (C) association 　　　　　　　　　（緑・5 章第 15 問）

選択肢には名詞が並んでいます。コンマ以降の主節で「メニューに産地直送の品々を取り入れることはたやすい」と言っています。接続詞 because に続く従属節では、主節で言っていることの理由を述べているはずです。Because the restaurant has a close (　　) with many area farmers「そのレストランは地域の多くの農家と密接な〜を持っているので」の「〜」部分に入れて文意が通るのは、(C) association「つながり、関係」しかありません。be associated with 〜「〜と関係がある、〜と親交がある」というよく知られた表現があります。この表現を知っている人は、答えを推測できたはずです。

訳　そのレストランは地域の多くの農家と密接なつながりがあるので、産地直送の品々をたやすくメニューに取り入れることができます。

(A) 満足　(B) 許可　(D) 参照

# 第133問

次の選択肢の中から正しいものを選びなさい。

Tax refunds will be sent directly to applicants' registered accounts (     ) forms have been properly filled out and original receipts are attached.

(A) provided that  (B) even if

(C) in order that  (D) rather than

**単語の意味**

**tax refund**…税の還付金  **directly**[dərékʈli]…直接に、直に
**applicant**[ǽplikənt]…申込者、応募者、志願者  **registered**[rédʒɪstərd]…登録された、登録済みの  **account**[əkáunt]…預貯金口座  **properly**[prɑ́:pərli]…適切に、正確に
**fill out** ~…(必要事項を)記入する  **attached**[ətǽtʃt]…添付の、添付された

# 第134問

次の選択肢の中から正しいものを選びなさい。

All Carter Renovation's employees, (     ) those scheduled to work on weekends, were asked to arrive early Monday morning for the weekly meeting.

(A) regardless of  (B) in spite of

(C) without  (D) except

**単語の意味**

**employee**[emplɔ́ii:]…従業員、被雇用者  **those**[ðóuz]…人々
**(be) scheduled to** ~…~する予定になっている  **early**[ə́:rli]…早く

**答え** (A) provided that　　　　　　　　　　（レッスン・1章第16問）

(D) 以外の選択肢はいずれも接続詞の働きをします。空欄の前後は節（＝S＋Vを含むかたまり）です。節と節をつなぐのは接続詞です。接続詞の働きをする (A)(B)(C) のうち、どれが正解かは英文の意味を考えなければなりません。

主節では「税の還付金は、申請者の登録口座に直接入金される」、空欄に続く節では「用紙に必要事項が適切に記入されていて、領収書の原本が添付されている」と言っています。2つの節を結んで文意が通るのは (A) provided that「～であるならば、～という条件で」です。**接続詞 if と同じ意味かつ同じ用法ですが、契約書などの少しフォーマルな英文で使われることが多いです。**

**訳** 税の還付金は、用紙に必要事項が適切に記入され、領収書の原本が添付されていれば、申請者の登録口座に直接入金されます。

(B)たとえ～でも　(C)～するように　(D)～よりむしろ

**答え** (D) except　　　　　　　　　　（7・2章第6問）

選択肢に前置詞と群前置詞が並んでいます。この英文は All Carter Renovation's employees「カーター・レノベーションズ社の全社員」が主語で、were asked「求められた」が動詞部分です。コンマに挟まれた挿入部分が (　　) those scheduled to work on weekends「週末勤務予定の人たち～」です。

**前置詞 (D) except「～を除いて、～以外には」**を入れれば「週末勤務予定者を除いて」となり、文意が通ります。なお、**except には接続詞としての用法もあります。**

名詞 exception「例外」、形容詞 exceptional「例外的な、特別な」、副詞 exceptionally「特別、非常に」も覚えておきましょう。

**訳** カーター・レノベーションズ社の全社員は、週末勤務予定者を除き、月曜日の朝は週例会議に出席するために、早く出社することが求められました。

(A)～にかかわらず　(B)～にもかかわらず　(C)～なしで

# 第135問

次の選択肢の中から正しいものを選びなさい。

Because most of the data was lost in the fire, tests need to be redone and results need to be (    ).

(A) justified　　(B) certified

(C) verified　　(D) simplified

**単語の意味**

most of ~…~の多く、~の大部分　redo[ri:dú:]…~をやり直す、もう一度行う

# 第136問

次の選択肢の中から正しいものを選びなさい。

The new investment bank created basic (    ) for its brokers to follow when planning their investment purchases.

(A) guidelines　　(B) performances

(C) consequences　　(D) establishments

**単語の意味**

investment bank…投資銀行　broker[bróukər]…仲介業者
follow[fá:lou]…(規則、忠告など)に従う　purchase[pə́:rtʃəs]…購入

▶ 第135問

**答え** (C) verified (6・3章第20問)

空欄前が be 動詞で受動態になっているので、選択肢は全て過去分詞になっています。tests need to be redone and results need to be ( )「再度テストを行い、その結果が〜されなければならない」の「〜」部分にどの動詞を入れれば全体の意味が通るかを考えます。

results「結果」を目的語にするのは、(C) verified の原形 verify「〜を（正しいかどうか）検証する、確かめる」です。verify を受動態にすれば be verified になり、「その結果は検証されなければならない」となり、意味が通ります。

**訳** 火事で多くのデータが焼失したので、再度テストを行い、その結果が検証されなければなりません。

(A)〜を正当化する (B)(文書で)〜を証明する (D)〜を簡単にする の過去分詞

▶ 第136問

**答え** (A) guidelines (5・4章第21問)

選択肢には名詞が並んでいます。The new investment bank created basic ( ) for its brokers to follow「その投資銀行は仲介業者が従うべき〜を作成した」の「〜」部分にどの名詞を入れれば全体の意味が通るかを考えます。

空欄直前の形容詞 basic「基本的な」がヒントになります。basic に続けて使え、文意が通るのは (A) guidelines「指針、ガイドライン」しかありません。guideline はすでに日本語にもなっていますが、ビジネスでもよく使われます。

**訳** 新たに設立されたその投資銀行は、株式仲介人向けに、投資目的の株式購入を計画する際に従わなければならない基本指針を作成しました。

(B)業績、実績 (C)結果、結論 (D)制度、設立 の複数形

# 第137問

次の選択肢の中から正しいものを選びなさい。

The office of Donaldson and Abrahams Accounting is located in Parker building, which is ( ) Talford Community Centre on Clarke Road.

(A) among       (B) over

(C) throughout  (D) opposite

### 単語の意味

**locate**[lóukeɪt]…~を位置させる、置く

# 第138問

次の選択肢の中から正しいものを選びなさい。

Before acquiring the company, they performed ( ) research on its financial stability, including any monies owed, risk factors, and valuation.

(A) inclusive    (B) prevalent

(C) extensive    (D) spacious

### 単語の意味

**acquire**[əkwáɪər]…~を買収する、獲得する　**stability**[stəbíləti]…安定、安定性
**valuation**[væljuéɪʃən]…評価（額）

答え (D) opposite (6・2章第18問)

選択肢には前置詞の用法がある単語が並んでいます。文頭で「ドナルドソン・アブラハムズ会計事務所はパーカービルにある」と言っていて、その後に「コンマ＋関係代名詞 which」を続けてパーカービルの説明をしています。その説明部分で「クラーク通りにあるタルフォード・コミュニティセンターの〜にある」と言っています。この「〜」部分に入れて全体の意味が通るのは、(D) opposite「〜の反対側に」しかありません。

形容詞 opposite を使った opposite to という表現が頻繁に使われるため、opposite には to をつけなければならないと思い込んでいる人が多く、間違えやすい問題です。

訳 ドナルドソン・アブラハムズ会計事務所のオフィスは、タルフォード・コミュニティセンターからクラーク通りをはさんだ向かい側にあるパーカービルに入居しています。

(A)〜の間に、〜の中に (B)〜の上に、〜の間ずっと、〜にわたって (C)〜の間中、〜を通じて

答え (C) extensive (3・5章第3問)

選択肢には形容詞が並んでいます。選択肢の中で research「調査」を修飾できるのは (C) extensive「広範囲にわたる」だけです。extensive research は「広範な調査」の意味でよく使われます。

extensive は語彙問題としてだけでなく品詞問題としても出題されています。extensive study「広範囲の研究」、extensive analysis「広範な分析」、extensive experience「幅広い経験」などのようにビジネス関連の英文で頻繁に使われます。a wide range of 〜とほぼ同じ意味です。

副詞 extensively「広範囲にわたって」も出題されます。一緒に覚えましょう。

訳 その企業を買収する前に、彼らは、保有資金、リスクファクター、評価額を含む財務上の安定性に関する広範な調査を行いました。

(A)含めて (B)広く行き渡っている (D)広々とした

# 第 **139** 問

**次の選択肢の中から正しいものを選びなさい。**

Recently, there has been a ( ) increase in the services provided to IT corporations by the large law firm.

(A) competent　　(B) potential

(C) prominent　　(D) significant

### 単語の意味

recently[ríːsntli]…最近、近年、近ごろ　increase in 〜…〜の増加
provide[prəváid]…〜を提供する、与える　law[lɔ́ː]…法律

# 第 **140** 問

**次の選択肢の中から正しいものを選びなさい。**

The international monetary organization will ( ) a new economic policy of advancing loans to troubled developing countries.

(A) consent　　(B) warrant

(C) adopt　　(D) deserve

### 単語の意味

monetary[mɑ́ːnətèri]…金銭的な、通貨の
advance loan…(金を)前貸しする、融通する　developing country…開発途上国

**答え** (D) significant　　　　　　　　　(3・3章第21問)

選択肢には形容詞が並んでいます。there has been a (　　)
increase in the services「サービスに〜な増加がある」の「〜」
部分にどの形容詞を入れれば全体の意味が通るかを考えます。
(D) significant「大幅な、かなりの」であれば、文意が通ります。
significant という単語も a significant increase in 〜「〜におけ
る著しい増加」という表現も、ビジネス関連の英文で頻繁に使
われます。**副詞 significantly「著しく、大幅に」も出題されます。**
Profits rose because sales have been significantly higher.「売り
上げが大幅に伸びたので、利益が増加しました」のように用い
ます。

**訳** ここのところ、その大手法律事務所による IT 関連企業向けサービス
が著しく増加しています。

(A)有能な　(B)潜在的な　(C)傑出した

---

**答え** (C) adopt　　　　　　　　　　(3・3章第19問)

選択肢には動詞が並んでいます。空欄前の主語は「国際的な金
融機関」で、目的語は「問題を抱えた開発途上国に対する融資
を行う新しい経済対策」です。これらの主語と目的語をつなぐ
ことができ、意味が通るのは (C) adopt「〜を採用する、採
択する」しかありません。
adopt は policy と一緒に使われることが多いのですが、経済関
連だけでなく、政治関連の記事などでもよく見かけます。名詞
adoption「採用、選択、外国語の借用」も一緒に覚えましょう。

**訳** その国際的な金融機関は、問題を抱えた開発途上国に対して融資を行
うとする新たな経済対策を採用します。

(A)同意する、承諾する　(B)(商品など)を保証する　(D)〜に値する、ふさわしい

# 第141問

できたら…○
できなかったら…×

次の選択肢の中から正しいものを選びなさい。

Yesterday, I was able to meet (　　) person who was assigned to do research on this problem.

(A) others
(B) each other
(C) one another
(D) the other

### 単語の意味

**assign**[əsáin]…〜を任命する、配属する　**do research**…調査する、研究する

# 第142問

できたら…○
できなかったら…×

次の選択肢の中から正しいものを選びなさい。

As it is often difficult to find a parking space in front of the outlet, customers are encouraged to park on the west side of the mall (　　).

(A) otherwise
(B) altogether
(C) further
(D) instead

### 単語の意味

**often**[ɔ́ːfn]…しばしば　**outlet**[áutlèt]…小売店　**customer**[kʌ́stəmər]…顧客、取引先
**be encouraged to** 〜…〜するよう勧められる、〜することが奨励される

**答え** (D) the other

(5・3章第16問)

選択肢にはいずれも other や another が含まれています。other や another の使い方は難しいので、忘れたころにではありますが、定期的に出題されます。another は「an + other」のことで、**他の不特定の中のひとつ[一人]を指します**。一方で、the other は頭に the が付くので、他の特定のひとつ[一人]を指します。問題文では、この問題の研究をするために任命された特定の一人に会うことができたという意味になるので、(D) the other が正解になります。(A) others だと特定の一人になりませんし、後ろの person ともつながりません。(B) each other も (C) one another も「お互い」の意味で person とつなげて使えません。

**訳** 昨日私は、この問題を調査するよう任命されたもう一人の人に会うことができました。

(A)他人、他の人たち　(B)お互い　(C)お互い

**答え** (D) instead

(レッスン・1章第5問)

選択肢には副詞が並んでいます。customers are encouraged to park on the west side of the mall (　　) 「買い物客は〜モールの西側に車を止めるよう勧められている」の「〜」部分にどの副詞を入れれば全体の文意が通るかを考えます。

(D) instead 「**その代わりに、それよりむしろ**」を入れれば「代わりにモールの西側に車を止める」となり、文意が通ります。英文を読み慣れていなければ、instead が副詞で動詞句 park (on the west side of the mall) を修飾できることが理解できないかと思います。**最近は文末に置く副詞を選ばせる問題が増えています**。

**訳** アウトレットの正面には駐車スペースを見つけるのが難しい場合が多いため、買い物客は代わりにモールの西側に車を止めるよう勧められています。

(A)さもなければ　(B)全部で　(C)さらに

# 第143問

次の選択肢の中から正しいものを選びなさい。

As they had done previously, convention organizers
(　　) booked the entire hotel to ensure a sufficient
number of rooms would be available.

(A) exclusively　　(B) likewise

(C) exceptionally　(D) substantially

単語の意味

**previously**[príːviəsli]…前に、以前に　**convention**[kənvénʃən]…会議、大会
**organizer**[ɔ́ːrɡənàizər]…主催者　**book**[búk]…～を予約する
**ensure**[enʃúər]…～ということを確かにする
**available**[əvéiləbl]…利用可能な、使用可能な

# 第144問

次の選択肢の中から正しいものを選びなさい。

We are currently seeking (　　) workspaces for
employees to use while office renovations are being
done at the beginning of next year.

(A) tolerated　　(B) alternative

(C) reliable　　　(D) fair

単語の意味

**currently**[káːrəntli]…現在は、現在のところ　**workspace**[wáːrkspèis]…仕事場
**employee**[emplɔ́iː]…従業員、社員
**renovation**[rènəvéiʃən]…改装、改築、リフォーム

▶ 第 143 問

**答え** (B) likewise

(難問・2章第6問)

選択肢には副詞が並んでいます。convention organizers (    ) booked the entire hotel「会議の主催者は〜ホテル全体を予約した」の「〜」部分にどの副詞を入れれば全体の文意が通るかを考えます。

(B) likewise「**同じく、同様に**」であれば「それまで通りホテル全体を予約した」となり、文意が通ります。問題文では動詞の前に置かれていますが、I bought an umbrella, and my friend did likewise.「私が傘を買うと、友人も同様に買いました」のように動詞の後に用いられることもあります。

類義語として similarly「同様に」があります。

> **訳** 従来のやり方に従い、会議の主催者は十分な部屋数が確保できるよう、それまで通りホテル全体を予約しました。

(A)全く〜のみ、排他的に　(C)非常に、例外的に　(D)十分に、大いに

▶ 第 144 問

**答え** (B) alternative

(緑・1章第16問)

選択肢には形容詞と形容詞の働きをする過去分詞が並んでいます。We are currently seeking (    ) workspaces for employees to use「弊社は現在、従業員が使用できる〜仕事場を探している」の「〜」部分にどの単語を入れれば全体の文意が通るかを考えます。

(B) alternative「**代わりの**」であれば、文意が通ります。ここでは形容詞として使われていますが、名詞「取って代わるもの、選択肢」という意味でも出題されています。

動詞 alter「**〜を変える、変更する**」や副詞 alternatively「**（文頭に置いて）代わりに**」も覚えておきましょう。

> **訳** 弊社は現在、来年初めに行われる事務所の改装中に従業員が使用できる代わりの仕事場を探しています。

(A)「我慢する」の過去分詞　(C)信頼できる　(D)公平な、公正な

# 第145問

次の選択肢の中から正しいものを選びなさい。

( ) Hoffman Industries and Carter Manufacturing reach an agreement by the deadline, the merger would be complete by the end of this year.

(A) Assuming that　(B) Whereas

(C) In addition to　(D) Therefore

### 単語の意味

**reach an agreement**…合意に達する、同意する
**deadline**[dédlàin]…締め切り、期限　**merger**[mə́ːrdʒər]…合併
**complete**[kəmplíːt]…完結した、完成した、完全な

# 第146問

次の選択肢の中から正しいものを選びなさい。

Before booking business travel, staff must consult with their immediate supervisor to ( ) the trip has been approved.

(A) demonstrate　(B) verify

(C) proceed　(D) reveal

### 単語の意味

**book**[búk]…〜を予約する　**consult with** 〜…〜に相談する
**immediate supervisor**…直属の上司
**approve**[əprúːv]…〜を承認する、許可する

**答え** (A) Assuming that

(難問・1章第 12 問)

コンマの前後は、どちらも節（＝ S ＋ V を含むかたまり）です。したがって、空欄には 2 つの節をつなぐ接続詞の働きをする表現が入るとわかります。

(C) In addition to は名詞（句）が続く群前置詞なので、この時点で除外できます。(D) Therefore は副詞なのでここでは使えません。接続詞の働きをする (A) Assuming that と接続詞 (B) Whereas のどちらが正解かは、文意を考えて判断します。(A) Assuming that「～であると仮定して、～であるとすれば」を入れれば「期日までに合意に至れば」となり、意味がつながります。

**訳** ホフマン産業とカーター製作所が期日までに合意に至るならば、合併は今年度末までに完了するでしょう。

(B)～である一方で　(C)～に加えて　(D)それゆえ

**答え** (B) verify

(炎・第 20 問)

選択肢には動詞が並んでいます。staff must consult with their immediate supervisor to ( ) the trip has been approved「その出張が許可されていることを～するために従業員は直属の上司に相談をしなければならない」の「～」部分にどの動詞を入れれば全体の文意が通るかを考えます。空欄直後に接続詞 that が省略されていることがわからなければ英文を正確に理解できません。

(B) verify「～を確認する」であれば、文意が通ります。verify には「～を立証［実証］する」という意味もあり、どちらの意味でもビジネスで頻繁に使われます。

**訳** ビジネス旅行を予約する前に、従業員は直属の上司に相談をし、その出張が許可されていることを確認する必要があります。

(A)～を説明する、明らかにする　(C)続ける、進む　(D)～を明らかにする

# 第147問

次の選択肢の中から正しいものを選びなさい。

Originally, Franklin Manufacturing was a (　　) of Wakefield Enterprises and the company is now the largest steel maker in the country.

(A) subscriber　　(B) subsidiary
(C) facility　　(D) administration

**単語の意味**

**originally**[ərídʒənəli]…当初は、最初は　**steel maker**…鉄鋼メーカー、鉄鋼業者

# 第148問

次の選択肢の中から正しいものを選びなさい。

Managers held an emergency meeting on Friday to decide on a (　　) of action in order to cope with the recent currency fluctuations.

(A) course　　(B) series
(C) matter　　(D) state

**単語の意味**

**emergency**[ɪmə́ːrdʒənsi]…緊急事態　**action**[ǽkʃən]…行動、活動、行い
**in order to 〜**…〜するために　**recent**[ríːsnt]…最近の、近ごろの
**currency**[kə́ːrənsi]…通貨　**fluctuation**[flʌ̀ktʃuéɪʃən]…変動、不安定

**答え** (B) subsidiary

(炎 2・第 54 問)

選択肢には名詞が並んでいます。Originally, Franklin Manufacturing was a ( ) of Wakefield Enterprises「元々フランクリン・マニュファクチャリングはウェイクフィールド・エンタープライズの〜だった」の「〜」部分にどの名詞を入れれば全体の文意が通るかを考えます。

(B) subsidiary「子会社」であれば、文意が通ります。**関連語彙**としてほかに、headquarters「**本社**」、affiliated company「**関連会社**」、branch「**支社、支店**」などがあります。いずれも TOEIC 必須単語です。一緒に覚えましょう。

**訳** 元々フランクリン・マニュファクチャリングはウェイクフィールド・エンタープライズの子会社で、そして今や国内で最大の鉄鋼メーカーです。

(A) (雑誌などの)定期購読者、(テレビなどの)加入者 (C)施設、設備 (D)管理、運営

---

**答え** (A) course

(レッスン・5 章第 19 問)

選択肢には名詞が並んでいます。

Managers held an emergency meeting on Friday to decide on a ( ) of action「管理職らは金曜日に緊急会議を開き、行動の〜を決定した」の「〜」部分に何を入れればいいのかを考えます。(A) course「**方向、道**」であれば意味がつながります。なお、(B) series は「a series of + 名詞の複数形」で使われます。注意しましょう。

力があれば、a ( ) of action の部分を見るだけで解答できます。a course of action「**行動指針 [方針]**」という表現は、企業のレポートなどで使われます。

**訳** 管理職らは金曜日に緊急会議を開き、昨今の通貨の変動に対処するための行動指針を決定しました。

(B) (a series ofで使う場合)一連 (C)問題、事柄 (D)状態、状況

# 第 149 問

次の選択肢の中から正しいものを選びなさい。

Consumers are advised to visit our Web site before purchasing third-party software to confirm that it is ( ) with our devices.

(A) compatible
(B) feasible
(C) related
(D) compared

単語の意味

consumer[kəns(j)úːmər]…消費者　purchase[páːrtʃəs]…〜を買う、購入する
third-party…(当事者以外の)第三者の　confirm[kənfáːrm]…〜を確認する、確かめる
device[dɪváɪs]…デバイス、機器

# 第 150 問

次の選択肢の中から正しいものを選びなさい。

Stephenson Mobile indicated that it had no plans to expand into the Asian market, although industry experts have reported ( ).

(A) so
(B) extensively
(C) otherwise
(D) accordingly

単語の意味

indicate[índəkèɪt]…〜を指し示す、暗示する　expand[ɪkspǽnd]…拡大する、拡張する　industry[índəstri]…業界、産業　expert[ékspəːrt]…専門家、エキスパート

**答え** (A) compatible

（難問・4 章第 6 問）

選択肢には形容詞と形容詞の働きをする過去分詞が並んでいます。to confirm that it is ( ) with our devices「弊社のデバイスとの〜があることを確認するために」という箇所の「〜」部分にどの単語を入れれば全体の文意が通るかを考えます。

空欄直後に前置詞 with が置かれています。with を後ろに置いて使えるのは (A) compatible か (D) compared です。**be compatible with 〜は「〜と互換性がある」**、be compared with 〜は「〜と比べられる」という意味です。(A) compatible を入れれば、「デバイスとの互換性がある」となり、文意が通ります。名詞は compatibility「互換性」です。

**訳** 消費者の皆様にはサードパーティのソフトウェアを購入する前に、弊社ホームページにアクセスし、弊社のデバイスとの互換性を確認されることをお勧めします。

(B)実行可能な (C)関連した (D)比べられる

---

**答え** (C) otherwise

（難問・3 章第 15 問）

選択肢には副詞が並んでいます。although industry experts have reported ( )「業界専門家は〜レポートしたが」の「〜」部分にどの副詞を入れれば全体の文意が通るかを考えます。副詞節が接続詞 although で始まっているので、主節で述べられていることとは逆の内容を業界専門家がレポートしたとわかります。

(C) otherwise「別なふうに、別の方法で」であれば、文意が通ります。ここでは otherwise は in a different way の意味で使われています。otherwise を「さもなければ」の意味でしか知らない人が大半です。同じ単語でも、一般的によく使われる意味ではなく、別の意味を問う問題としても出題されることも最近少なくありません。

**訳** 業界専門家の報告は反対の内容のものでしたが、スティーブンソン・モバイル社はアジア市場に進出する予定はないと述べました。

(A)そのように (B)広範囲に (D)それに沿って

# 第151問

次の選択肢の中から正しいものを選びなさい。

New graphics and various special features will be added to our Web site to (　　　) its overall appearance.

(A) justify　　　(B) identify

(C) enhance　　　(D) elaborate

### 単語の意味

**various**[véəriəs]…さまざまな、いろいろな　**feature**[fíːtʃər]…機能、特色
**overall**[óuvərɔ̀ːl]…全体的な、総体的な　**appearance**[əpíərəns]…見掛け、外見、外観

# 第152問

次の選択肢の中から正しいものを選びなさい。

Customers who purchase an electric vehicle before the December 31 deadline are (　　　) for a ten-percent discount.

(A) renowned　　　(B) eligible

(C) distinguished　(D) released

### 単語の意味

**customer**[kʌ́stəmər]…顧客、得意先　**purchase**[pə́ːrtʃəs]…〜を購入する
**electric vehicle**…電気自動車　**deadline**[dédláin]…締め切り、期限

**答え** (C) enhance

(緑・2章第10問)

選択肢には動詞が並んでいます。to ( ) its overall appearance「その全体的な見栄えを〜ために」という箇所の「〜」部分にどの動詞を入れれば全体の文意が通るかを考えます。

空欄前後は「見栄えを良くするために」というような意味になるはずだと推測できます。したがって、(C) enhance「〜を高める、より良くする」を入れればいいとわかります。

名詞 enhancement「向上」も覚えておきましょう。

**訳** 当社のホームページの全体的な見栄えを良くするために、新しい画像やさまざまな特殊機能をつけ加える予定です。

(A)〜を正当化する　(B)〜を確認する　(D)〜を詳しく説明する

---

**答え** (B) eligible

(炎・第129問)

選択肢には形容詞と形容詞の働きをする過去分詞が並んでいます。Customers（中略）are ( ) for a ten-percent discount「お客様は 10 パーセントの割引に対して〜だ」の「〜」部分にどの単語を入れれば全体の文意が通るかを考えます。

(B) eligible「資格のある」を入れれば「割引を受ける資格がある」となり、意味がつながります。be eligible for 〜は「〜に対して資格がある、〜にふさわしい」の意味です。似た意味の be entitled to 〜「〜する資格がある」も出題されます。Every employee is entitled to a two weeks paid leave.「全従業員に 2 週間の有給休暇を取る資格があります」のように使います。

**訳** 12 月 31 日の締め切り日より前に電気自動車をご購入のお客様は、10 パーセントの割引が適用になります。

(A)名高い、名声のある　(C)際立った、優れた　(D)発売された、公表された

# 第153問

できたら…○
できなかったら…×

次の選択肢の中から正しいものを選びなさい。

When Karen Woods leaves Forest City Shipping next month to return to school, the company will struggle to fill the (　).

(A) vacancy
(B) commitment
(C) operation
(D) application

### 単語の意味

**leave**[líːv]…(会社)を辞める、〜を退く
**struggle to 〜**…〜しようと四苦八苦する、〜しようと骨を折る
**fill**[fíl]…〜を埋める、満たす

# 第154問

できたら…○
できなかったら…×

次の選択肢の中から正しいものを選びなさい。

The new housing development that will be completed next spring is expected to be popular because the renowned Arcadia University is located (　).

(A) distant
(B) reasonable
(C) nearby
(D) affordable

### 単語の意味

**housing development**…(分譲住宅)団地
**complete**[kəmplíːt]…〜を完成する、完了する　**expect**[ikspékt]…〜を予想する、期待する
**renowned**[rináund]…名高い、名声のある　**locate**[loukeit]…〜に位置する

**答え** (A) vacancy                    （炎 2・第 75 問）

選択肢には名詞が並んでいます。the company will struggle to fill the (    )「その会社は〜を埋めるのに苦労するだろう」の「〜」部分にどの名詞を入れれば全体の文意が通るかを考えます。「〜」部分に入るのは、カレン・ウッズさんが辞めた後の「欠員、補充要員」を意味する単語だろうと推測できます。したがって、(A) vacancy「欠員」が正解です。TOEIC では求人関連の英文は他のパートでも頻出です。そのため、fill the vacancy「欠員を埋める」という表現は他のパート、特にパート 7 の読解問題で時々使われます。また、vacancy は「空室」の意味でも頻繁に使われ、fill the vacancy で「空室を埋める」という意味です。

**訳** 来月カレン・ウッズさんが復学のためフォレスト・シティ・シッピングを辞めると、同社では欠員を埋めるのに苦労するでしょう。

(B)関わり合い、献身、約束　(C)操作、運転、業務　(D)申請、応募、適用

**答え** (C) nearby                    （パート 5・第 134 問）

選択肢の (A) distant、(B) reasonable、(D) affordable は形容詞、(C) nearby は副詞・形容詞、両方の用法があります。because 前までの主節で「来春完成する予定の新しい団地は人気が出ると予想される」と言っており、because 以降で「有名なアルカディア大学が〜あるので」とその理由を述べています。(C) nearby「近くに」を入れれば「有名なアルカディア大学が近くにあるので」となり、文意が通ります。問題文では nearby が副詞として使われていますが、「すぐ近くの」という意味で形容詞としての用法もあります。nearby は形容詞、副詞、ともに出題されています。

**訳** 有名なアルカディア大学が近くにあるので、来春完成する予定の新しい団地は人気が出ると予想されます。

(A)遠い、離れた　(B)道理にかなった、手ごろな　(D)手ごろな価格の

# 第 155 問

次の選択肢の中から正しいものを選びなさい。

Because Tillman Clothiers' grand opening sale has been moved (    ), posters and brochures will need to be reprinted.

- (A) forwarded
- (B) forwarding
- (C) to forward
- (D) forward

### 単語の意味

**grand opening sale**…グランドオープンセール、開店大売り出し
**brochure**[brouʃúər]…パンフレット  **reprint**[rìːprínt]…～を再印刷する

# 第 156 問

次の選択肢の中から正しいものを選びなさい。

(    ) confirming a deposit of $500, our bookings department will send you an email indicating the details of your reservation.

- (A) Along
- (B) Within
- (C) Upon
- (D) Across

### 単語の意味

**confirm**[kənfáːrm]…～を確認する、確かめる
**deposit**[dɪpázət]…手付金、保証金、頭金  **indicate**[índəkèɪt]…～を指し示す、表す
**details**[díːteɪlz]…(複数形で)詳細  **reservation**[rèzərvéɪʃən]…予約

▶ 第 155 問

**答 え** (D) forward

(パート 5・第 47 問)

選択肢には forward がさまざまな形で並んでいます。品詞問題の場合、空欄前後が重要になります。空欄前は has been moved と、現在完了形でかつ受動態となっています。動詞を修飾するのは、副詞です。したがって、副詞である (D) forward「前方へ」を選べば、正しい英文になります。move forward「前倒しする、繰り上げる」という表現はよく使われるせいか、品詞問題としてだけでなく、語彙問題としても出題されています。

forward には動詞「〜を転送する、送る」の用法もあり、動詞としても出題されています。

**訳** ティルマン・クロジャーズのグランドオープンセールを前倒ししたため、ポスターやパンフレットの再印刷が必要となります。

forward の (A) 過去形・過去分詞　(B) 現在分詞　(C) to 不定詞

▶ 第 156 問

**答 え** (C) Upon

(炎・2 第 39 問)

空欄直後に動名詞がきているので前置詞を入れればいいとわかりますが、選択肢は全て前置詞です。この問題は空欄後をチェックするだけで解けます。

( ) confirming a deposit of $500 部分をチェックするだけで、正解は「〜次第、〜後に」という意味で使われる (C) Upon だとわかります。upon confirming で「〜を確認次第、確認後に」の意味になります。この意味での upon は、upon arrival「到着次第」、upon purchase「購入次第」、upon request「要請があれば」などのように、さまざまな場面で使われます。同じ意味で on を使うこともできますが、upon の方がフォーマルです。

**訳** 500 ドルの預り金を確認した後、予約課からお客様の予約内容が記載されたメールをお送りします。

(A)〜に沿って　(B)〜以内に　(D)〜を横切って

# 第157問

できたら…○
できなかったら…×

次の選択肢の中から正しいものを選びなさい。

This month's workshop will focus (     ) on the proper handling of sensitive data, both paper files and digital formats.

(A) primarily      (B) roughly

(C) thereby       (D) discreetly

#### 単語の意味

**workshop**[wə́ːrkʃɑ̀ːp]…研究会、ワークショップ　**focus on ～**…～に焦点を合わせる、～に重点的に取り組む　**proper**[prɑ́ːpər]…適切な、的確な　**handling**[hǽndliŋ]…取り扱い、対処　**sensitive data**…極秘データ　**digital format**…デジタル形式

# 第158問

できたら…○
できなかったら…×

次の選択肢の中から正しいものを選びなさい。

Consumer reports show that the XL9 by SunScreen Industries is (     ) its most affordable smartphone yet.

(A) as for        (B) without doubt

(C) owing to      (D) within reach

#### 単語の意味

**consumer**[kəns(j)úːmər]…消費者　**affordable**[əfɔ́ːrdəbl]…手頃な価格の
**yet**[jét]…今までの中で、今までのところ

**答え** (A) primarily （緑・4章第15問）

選択肢には副詞が並んでいます。This month's workshop will focus (　　) on the proper handling of sensitive data「今月のワークショップでは機密データの適切な取り扱いに〜焦点を当てる」の「〜」部分にどの副詞を入れれば全体の文意が通るかを考えます。

(A) primarily「主として、第一に」であれば、文意が通ります。mainly とほぼ同じ意味です。

形容詞 primary「最も重要な、主要な」も類義語の mainly も出題されるので、一緒に覚えておきましょう。

**訳** 今月のワークショップでは、紙ファイルとデジタル形式の両方における機密データの適切な取り扱いに主に焦点を当てます。

(B)おおよそ、約　(C)それによって、その結果　(D)慎重に、控えめに

**答え** (B) without doubt （パート5・第26問）

選択肢には前置詞を含む表現が並んでいます。the XL9 by SunScreen Industries is (　　) its most affordable smartphone yet「サンスクリーン・インダストリーズの XL9 が〜今までで最も手頃なスマートフォンだ」の「〜」部分にどの表現を入れれば全体の文意が通るか考えます。

(B) without doubt「紛れもなく、疑いなく、確かに」を入れれば、文意が通ります。

without を使う慣用表現としては、他に without permission「許可なく」、without consent「同意なく」、without careful consideration「安易に」などが出題されています。

**訳** 消費者リポートによると、サンスクリーン・インダストリーズの XL9 が紛れもなく今までで最も手頃なスマートフォンだということです。

(A)〜に関しては　(C)〜のおかげで、〜のせいで　(D)手の届くところに、実現可能そうな

# 第159問

次の選択肢の中から正しいものを選びなさい。

(　) the rapid increase in the price of energy, many consumers are reluctant to switch to more energy efficient vehicles.

(A) Therefore　(B) Instead of

(C) However　(D) Even with

### 単語の意味

rapid[rǽpɪd]…急激な、急速な　increase in ～…～の上昇、増加
consumer[kəns(j)úːmər]…消費者　reluctant[rɪlʌ́ktənt]…消極的な、気乗りしない
energy efficient…低燃費の、燃費の良い　vehicle[víːəkl]…車、乗り物

# 第160問

次の選択肢の中から正しいものを選びなさい。

The company spokesperson announced that (　) recent business news reports, ACE Electronics was not considering a merger with Bates Home Center.

(A) instead of　(B) owing to

(C) contrary to　(D) in addition to

### 単語の意味

spokesperson[spóukspə́ːrsn]…広報担当者　recent[ríːsnt]…最近の、近ごろの
consider[kənsídər]…～を検討する、考慮する　merger[mə́ːrdʒər]…合併

## 答え (D) Even with

(緑・3 章第 1 問)

空欄以降コンマまでが名詞句なので、空欄には前置詞か群前置詞が入ります。選択肢に単独の前置詞はありませんが、(B) Instead of は群前置詞で、(D) Even with は**前置詞 with に前置詞を修飾する副詞 even「(強調語) 〜でさえ、〜すら」が付いた形**です。したがって、(B) か (D) のどちらかが正解です。英文の意味を考えると、譲歩の意味をもつ (D) Even with「〜にもかかわらず」が正解だとわかります。(A) Therefore と (C) However は副詞で後ろに〈コンマ＋節〉が続くため、使えません。however には接続詞的な用法「どんなに〜(しよう)とも」もありますが、その場合は〈形容詞・副詞＋節〉が続きます。

**訳** エネルギー価格の急激な上昇にもかかわらず、多くの消費者は低燃費車への乗り換えに消極的です。

(A)それゆえ (B)〜の代わりに (C)しかしながら

---

## 答え (C) contrary to

(炎・第 108 問)

選択肢には前置詞と同じ働きをする群前置詞が並んでいます。会社の広報担当者が発表した内容は接続詞 that 以降に書かれています。that 以降では ( ) recent business news reports, ACE Electronics was not considering a merger「最近のビジネスニュース記事〜、ACE エレクトロニクスは合併を検討していない」と言っています。「〜」部分にどの群前置詞を入れれば全体の文意が通るかを考えます。

(C) contrary to「〜に反して」であれば、文意が通ります。この英文のように contrary to の後ろには名詞(句)や代名詞が続きます。

**訳** 同社の広報担当者は、最近のビジネスニュース記事に反して、ACE エレクトロニクスはベイツ・ホーム・センターとの合併は検討していないと発表しました。

(A)〜の代わりに (B)〜のせいで (D)〜に加えて

# 第161問

できたら…○
できなかったら…×

次の選択肢の中から正しいものを選びなさい。

The advertisement for the position of quality control inspector will be posted again in next week's paper ( ) a lack of responses from qualified applicants.

(A) in terms of     (B) as well as

(C) owing to         (D) rather than

**単語の意味**

**inspector**[ɪnspéktər]…検査官 **post**[póust]…～を掲示する **lack**[lǽk]…不足、欠如
**response**[rɪspá:ns]…反応、返答 **qualified**[kwá:ləfàid]…適任の、資質のある
**applicant**[ǽplikənt]…応募者、申込者

# 第162問

できたら…○
できなかったら…×

次の選択肢の中から正しいものを選びなさい。

Please use the assigned password and ID number to enter the virtual meeting room, ( ) else is required.

(A) nobody      (B) none

(C) nothing      (D) not

**単語の意味**

**assigned**[əsáind]…割り当てられた **virtual**[vá:rtʃuəl]…仮想の、バーチャルな、ネットワーク上の **require**[rɪkwáiər]…～を必要とする、求める

答え (C) owing to

(炎・第26問)

選択肢には群前置詞が並んでいます。空欄前までで「品質管理検査官の求人広告を来週の新聞に再度掲載する」と言っています。空欄後は a lack of responses from qualified applicants「適任の応募者からの反応不足」と名詞句になっています。これらをつないで文意が通るのは、(C) owing to「～のせいで、～のおかげで」だけです。

owing to は、頻出の群前置詞である because of や due to、たまに出る on account of とほぼ同じ意味です。「～のおかげで」の意味のときには thanks to も用います。

訳 要件を満たす応募者からの反応が少なかったので、品質管理検査官の求人広告を来週の新聞に再度掲載します。

(A)～に関して、～の点から見て (B)～だけでなく (D)～よりむしろ

答え (C) nothing

(パート5・第52問)

選択肢にはさまざまな否定語が並んでいます。品詞的には (D) not だけが副詞で、他は代名詞です。コンマより前の部分で Please use the assigned password and ID number「割り当てられたパスワードと ID ナンバーを使ってください」と言っているので、これに続く (　　　) else is required の空欄部分には、「物」を表す否定の代名詞を入れる必要があります。

不定代名詞である (C) nothing「何も～ない」を入れると、nothing else is required「他には何も必要ありません」となります。副詞 else「他に」は、このように〈不定代名詞＋else〉の語順で用います。

訳 バーチャル会議室に入るには割り当てられたパスワードと ID ナンバーが必要ですが、他には何も必要ありません。

(A)(「人」を表して)誰も～ない (B)(none of ～の形で)～の誰も…でない
(D)～でない

# 第163問

次の選択肢の中から正しいものを選びなさい。

Sales of Henrik's on and off-road vehicles have been ( ) since the new marketing campaign was launched in April of last year.

    (A) conditional    (B) relative

    (C) feasible    (D) stable

### 単語の意味

**off-road**[ɔ́:fróud]…オフロード用の、一般道路外の   **vehicle**[víːəkl]…車、車両
**launch**[lɔ́:ntʃ]…〜を始める、開始する

# 第164問

次の選択肢の中から正しいものを選びなさい。

The internship program was a tremendous ( ), but the team's hard work and dedication ensured that it was a success.

    (A) undertaking    (B) cultivation

    (C) completion    (D) observation

### 単語の意味

**tremendous**[trɪméndəs]…とても大きい、物凄い   **dedication**[dèdəkéɪʃən]…献身、
専念、熱心さ   **ensure**[enʃʊ́ər]…〜を確実にする、保証する

**答え** (D) stable

選択肢には形容詞が並んでいます。Sales of Henrik's on and off-road vehicles have been (　　)「ヘンリックのオン・オフロード両用車の売り上げは〜している」という箇所の「〜」部分にどの形容詞を入れれば全体の文意が通るかを考えます。

(D) stable「安定した」であれば、文意が通ります。stable はさまざまな場面で使われますが、ビジネスでは stable sales「安定した売り上げ」とか、stable economic growth「安定した経済成長」などの表現でよく使われます。また、このような表現は TOEIC でも使われます。

**訳** 昨年の4月に新しいマーケティングキャンペーンが開始されて以来、ヘンリックのオン・オフ両用車の売り上げは安定しています。

(A)条件付きの　(B)関連のある　(C)実現可能な

**答え** (A) undertaking

選択肢には名詞が並んでいます。この問題は The internship program was a tremendous (　　) の部分を見るだけで正解を推測できます。「インターンシッププログラムは極めて大きい〜だった」と言っています。「〜」部分に入れて意味が通るのは、(A) undertaking「事業、企て、大変な仕事」しかありません。undertaking は証券業務の英文を読んでいる人であれば、誰もが知っている単語です。動詞 undertake「〜を引き受ける」も重要単語です。The accounting firm will undertake a large auditing project.「その会計事務所では大規模な監査プロジェクトを引き受けます」のように用います。

**訳** インターンシッププログラムは非常に手のかかる仕事でしたが、そのチームの人たちが一生懸命働き、献身的だったことが、その成功を確実なものとしました。

(B)栽培、育成　(C)完成、完了　(D)観察、意見

# 第 165 問

次の選択肢の中から正しいものを選びなさい。

It is important for investors to remember that exchange rates are (      ), so financial products should be chosen carefully.

(A) skeptical
(B) variable
(C) sluggish
(D) fragile

**単語の意味**

**investor**[invéstər]…投資家　**remember**[rimémbər]…～を覚えている、～を思い出す
**exchange rate**…為替レート　**financial product**…金融商品
**carefully**[kéərfəli]…注意深く、慎重に、入念に

# 第 166 問

次の選択肢の中から正しいものを選びなさい。

It is important that all (      ) promotional materials be returned to the organizer after today's event so that they may be transported to tomorrow's location.

(A) familiar
(B) surplus
(C) prominent
(D) distinct

**単語の意味**

**promotional material**…販売促進用の資料　**return**[ritə́:rn]…～を戻す、～を返す
**organizer**[ɔ́:rgənàizər]…主催者、幹事　**so that ～ may ...**…～が…できるように
**transport**[trænspɔ́:rt]…～を輸送する、～を運送する

答え (B) variable  (レッスン・5 章第 17 問)

選択肢には形容詞が並んでいます。exchange rates are (　　),
so financial products should be chosen carefully「為替レートは
〜なので、金融商品を注意深く選ばなければならない」の
「〜」部分にどの形容詞を入れれば全体の文意が通るかを考え
ます。

(B) variable「変わりやすい、可変の」であれば、文意が通り
ます。

**動詞 vary「変わる」**も重要な単語で、逆にこの動詞を知って
いれば語尾に -able がついた variable の意味は推測できます。
なお、variable は「変数」という意味の名詞としてもよく使わ
れます。

> **訳** 為替レートは変動しやすいため、金融商品は注意深く選ばなければな
> らないと心に留めておくことが投資家にとっては大切です。

(A)懐疑的な、疑い深い　(C)不振な、低迷している　(D)壊れやすい、脆弱な

答え (B) surplus  (レッスン・3 章第 20 問)

選択肢には形容詞が並んでいます。It is important that all
(　　) promotional materials be returned to the organizer「〜
販売促進物は全て主催者に返却することが肝腎です」の「〜」
部分にどの形容詞を入れれば全体の文意が通るかを考えます。

(B) surplus「余った、残りの」であれば、文意が通ります。
surplus は trade surplus「貿易黒字」のような名詞としての使
用例は知っている方もいると思います。この問題を難しくして
いるのは、空欄直後が promotional materials「宣伝用資料」で
ある点です。trade surplus という表現を知っていれば、
surplus に「余った」というニュアンスがあると推測できると
思います。

> **訳** 今日の行事終了後、余った販売促進物は全て明日の会場に搬送するた
> め、主催者に返却することが肝腎です。

(A)よく知られている　(C)傑出した　(D)別個の、はっきりした

# 第 167 問

次の選択肢の中から正しいものを選びなさい。

So that the firm can better satisfy clients' requirements, it adds ( ) to some of the standard services it provides.

(A) candidates (B) appointments

(C) alternatives (D) invoices

### 単語の意味

**so that ~ can** ...…~が...できるように  **requirement**[rɪkwáɪərmənt]…要求、要件
**add**[ǽd]…~を加える  **standard**[stǽndərd]…標準的な、基準となる
**provide**[prəváɪd]…~を提供する、与える

---

# 第 168 問

次の選択肢の中から正しいものを選びなさい。

The restaurant was granted a food license after inspectors confirmed that the owner had ( ) with all of the industry regulations.

(A) organized (B) retained

(C) accepted (D) complied

### 単語の意味

**grant**[grǽnt]…~を与える、許可する、認める  **inspector**[ɪnspéktər]…検査官
**confirm**[kənfə́ːrm]…~を確認する、確かめる
**regulation**[règjəléɪʃən]…規則、規定、規制

**答え** (C) alternatives　　　　　　　　　　　　（炎・第60問）

選択肢には名詞が並んでいます。it adds (　　) to some of the standard services it provides「それ（＝会社）は提供中の標準サービスに〜を追加する」の「〜」部分にどの名詞を入れれば全体の文意が通るかを考えます。

提供中の「標準サービス」に加えるものなので、何かの「特注サービス」か「選択できる他のサービス」だと推測できます。選択肢の中で該当するのは、(C) alternatives「**取って代わるもの、代替物、代案**」だけです。ビジネスでもよく使われる単語です。**名詞以外に形容詞としての用法もあり「代わりの、二者択一の」**という意味になります。

**訳** 同社では顧客の要望によりよく応えるため、提供中の標準サービス代替案を追加します。

(A)候補者　(B)約束、取り決め　(D)請求書、送り状

**答え** (D) complied　　　　　　　　　　　　（炎2・第80問）

選択肢には動詞が並んでいます。after inspectors confirmed that the owner had (　　) with all of the industry regulations「所有者が全ての業界規定に〜ということを検査官が確認した後で」の「〜」部分にどの動詞を入れれば全体の文意が通るかを考えます。空欄後に前置詞 with が続いているので、空欄に入るのは自動詞です。(B) retained と (C) accepted は他動詞のため、この時点で除外できます。(A) organized は自動詞として使う場合は「団結する、組織化する」という意味で文意が通りません。

(D) complied を入れれば、文意が通ります。comply with 〜で「**〜に従う、応じる**」という意味になります。

**訳** 所有者が全ての業界規定を満たしていることを検査官が確認した後で、そのレストランには食品営業許可が下りました。

(A)【自】団結する、組織化する【他】〜を組織する　(B)【他】〜を保持する　(C)【他】〜を受け入れる　の過去分詞

# 第169問

次の選択肢の中から正しいものを選びなさい。

This year's new hire training includes an innovative one-to-one mentoring program, so it will be more (　　).

(A) qualified
(B) trustworthy
(C) mutual
(D) interactive

#### 単語の意味

new hire…新入社員　include[ɪnklúːd]…～を含める
innovative[ínəvèɪtɪv]…革新的な、創造力に富む　one-to-one[wʌ́ntəwʌ́n]…1対1の
mentoring program…社内指導教育プログラム

# 第170問

次の選択肢の中から正しいものを選びなさい。

The CEO has instructed senior management to (　　) the sharing of information among employees and managers alike.

(A) install
(B) regard
(C) facilitate
(D) familiarize

#### 単語の意味

instruct A to ～…Aに～するよう指示する
senior management…経営幹部、上級管理者　sharing[ʃéərɪŋ]…共有、分かち合うこと
employee[emplɔ́ɪː]…従業員　alike[əláɪk]…同様に

**答え** (D) interactive （パート5・第144問）

選択肢には形容詞が並んでいます。so it will be more (　　)「そのため、それ（＝研修）はより～になります」の「～」部分にどの形容詞を入れれば文意が通るかを考えます。
(D) interactive「対話式の、双方向（性）の、インタラクティブな」であれば、文意が通ります。
動詞の interact「相互に作用する」も出題されています。

**訳** 今年の新入社員研修には革新的な1対1の社内指導教育プログラムが組み込まれており、よりインタラクティブになっています。

(A)資格のある、適任の　(B)信頼できる　(C)相互の

**答え** (C) facilitate （パート5・第115問）

選択肢には動詞が並んでいます。The CEO has instructed senior management to (　　) the sharing of information「CEOは情報共有を～ように経営幹部に指示した」の「～」部分にどの動詞を入れれば全体の文意が通るかを考えます。
(C) facilitate「～を容易［円滑］にする、促進する」であれば、文意が通ります。ビジネスでは facilitate の派生語である名詞 facilitator「司会者、進行係、まとめ役」が頻繁に使われます。

**訳** CEOは従業員と管理職の間で同等に情報共有を容易に行えるように経営幹部に指示しました。

(A)～を据え付ける、設置する　(B)～を(…と)見なす、考える　(D)～を(…に)慣れさせる

# 第171問

**次の選択肢の中から正しいものを選びなさい。**

The retailer decided to build its downtown store ( ) a locally famous restaurant that caters to a clientele similar to its own.

- (A) adjacent to
- (B) nearly
- (C) in place of
- (D) prior to

### 単語の意味

**retailer**[ríːtèɪlər]…小売店、小売業者　**downtown**[dáʊntáʊn]…繁華街(の)、商業地区(の)　**locally**[lóʊkəli]…地元で　**cater**[kéɪtər]…料理を提供する、仕出しする　**clientele**[klàiəntél]…顧客、常連客　**(be) similar to** 〜…〜に類似した、〜によく似た

# 第172問

**次の選択肢の中から正しいものを選びなさい。**

The annual job fair is expected to ( ) MBA graduates from around the globe, all seeking an intern position at the prestigious company.

- (A) appeal
- (B) attend
- (C) attract
- (D) grant

### 単語の意味

**graduate**[grǽdʒuət]…卒業生　**around the globe**…世界中　**seek**[síːk]…〜を探し求める　**prestigious**[prestíːdʒəs]…名声のある、一流の、有名な

答え (A) adjacent to        （レッスン・5章第18問）

空欄の後ろは a locally famous restaurant「地元で有名なレストラン」と名詞句です。副詞である (B) nearly 以外は、後ろに名詞句をとることができる表現が並んでいます。The retailer decided to build its downtown store (　　) a locally famous restaurant「その小売店は、地元で有名なレストラン〜同店の繁華街店を出店することにした」の「〜」に入れて文意が通るのは何かを考えます。

(A) adjacent to「〜に隣接した、〜の隣に」であれば、文意が通ります。パート1では類似表現の next to 〜「〜の横に、〜の隣に、〜に隣接して」が物の位置関係を表す際に使われます。

訳　その小売店は、対象としている顧客層が類似する、地元で有名なレストランの隣に、同店の繁華街店を出店することにしました。

(B)ほとんど、ほぼ　(C)〜の代わりに　(D)〜より前に

答え (C) attract        （7・1章第18問）

選択肢には動詞が並んでいます。The annual job fair is expected to (　　) MBA graduates「毎年行われるその就職フェアは MBA 卒業生を〜することが予想される」の「〜」部分にどの動詞を入れれば全体の文意が通るかを考えます。

「〜」部分には「引き付ける」とか「魅了する」という意味の動詞が入ると推測できます。したがって、(A) appeal か (C) attract のどちらかが正解です。この英文では空欄直後に MBA graduates と目的語が続いているので、自動詞 appeal は使えません。appeal は後ろに前置詞 to が必要になります。したがって、他動詞 (C) attract「〜を引き付ける、魅了する」が正解です。

訳　毎年行われるその就職フェアは世界中の MBA 卒業生を引き付けることが予想されており、参加者は皆、著名な企業でのインターンの口を狙っています。

(A)(〜の)心に訴える　(B)〜に参加する　(D)〜を許可する、認める

# 第173問

できたら…○
できなかったら…×

次の選択肢の中から正しいものを選びなさい。

An expert in office planning was consulted so that we could (　　) our small offices into an efficient work area.

(A) merge　　(B) consolidate

(C) succeed　　(D) acquire

単語の意味

expert[ékspə:rt]…専門家、熟達者　consult[kənsʌ́lt]…～に助言を求める、意見を求める
so that ～ can ...…～が…できるように

# 第174問

できたら…○
できなかったら…×

次の選択肢の中から正しいものを選びなさい。

After demonstrating himself to be a (　　) analyst, Terry Burns was selected as a member of the global investment team in his company.

(A) revised　　(B) capable

(C) valid　　(D) critical

単語の意味

demonstrate[démənstrèɪt]…～をはっきり表す、説明する、実演する
investment[ɪnvéstmənt]…投資

**答え** (B) consolidate

（6・5章第11問）

選択肢には動詞が並んでいます。so that we could (　　) our small offices into an efficient work area「当社のスモールオフィスを効率的な仕事場に〜できるようにするため」の「〜」部分にどの動詞を入れれば全体の文意が通るかを考えます。

(B) consolidate「〜を統合する」であれば、文意が通ります。consolidate は、consolidate A into B「A を統合して B にする」の形で使われることが多いです。少し難しい単語ですが、出題されています。高得点を狙う人は、ビジネスで使われる少しフォーマルな単語も覚えましょう。

**訳** 当社のスモールオフィスを効率的な仕事場に整理統合できるようにするため、オフィス設計の専門家に相談が持ちかけられました。

(A)合併する　(C)【自】成功する【他】〜の後任となる　(D)〜を取得する、買収する

**答え** (B) capable

（7・2章第8問）

選択肢には形容詞と形容詞化した過去分詞が並んでいます。コンマより前では After demonstrating himself to be a (　　) analyst「自身が〜アナリストであることを実証した後に」とあり、コンマより後ろで「テリー・バーンズは国際投資チームのメンバーに選ばれた」と言っています。空欄には「優れている」や「優秀である」などを意味する単語が入るのではと推測できます。

(B) capable「能力がある、有能な」であれば、文意が通ります。力のある人であれば、全文を読まなくても、to be a (　　) analyst, Terry Burns was selected 部分を見るだけで正解がわかります。

**訳** 自身が有能なアナリストであることを実証した結果、テリー・バーンズは彼の会社の国際投資チームのメンバーに選ばれました。

(A)改訂された、修正された　(C)有効な　(D)批判的な、重大な

# 第175問

できたら…○
できなかったら…×

次の選択肢の中から正しいものを選びなさい。

The company asked the consulting firm to make an in-depth (　　) of whether or not it would be profitable to enter the South American market.

(A) amendment　　(B) analysis

(C) operation　　(D) experiment

#### 単語の意味

in-depth[índépθ]…徹底的な、綿密な　**whether or not** 〜…〜かどうか
**profitable**[prάːfət̬əbl]…利益になる、儲かる　**enter a market**…市場に参入する

# 第176問

できたら…○
できなかったら…×

次の選択肢の中から正しいものを選びなさい。

The government faces the major task of how to (　　) the problem of the large number of unemployed workers in the manufacturing industry.

(A) overcome　　(B) prevail

(C) sustain　　(D) enhance

#### 単語の意味

**face**[féɪs]…〜に直面する　**unemployed**[ʌ̀nɪmplɔ́ɪd]…失業した、仕事のない
**manufacturing industry**…製造業

**答え** (B) analysis （5・3章第21問）

選択肢には名詞が並んでいます。この問題の場合、空欄直前の in-depth が大きなヒントとなります。語感が鍛えられている人であれば、in-depth を見ただけで (B) analysis「分析」が正解だとわかります。in-depth は「徹底的な、綿密な」という意味の形容詞で、選択肢の中でこれに続きそうな名詞は analysis しかありません。in-depth analysis で「徹底的な分析、綿密な分析」という意味になります。

この英文では make an analysis という表現が使われていますが、これは動詞 analyze「〜を分析する」の少し丁寧な表現です。

**訳** その会社は、南米市場への参入が利益につながるかどうかについて、コンサルタント会社に綿密な分析を依頼しました。

(A)改正、修正　(C)業務、操作　(D)実験、試み

**答え** (A) overcome （3・4章第19問）

選択肢には動詞が並んでいます。The government faces the major task of how to (　) the problem「政府はその問題をいかにして〜するかという大きな問題に直面している」の「〜」部分にどの動詞を入れれば全体の文意が通るかを考えます。(A) overcome「〜を克服する、打開する」であれば、文意が通ります。(B) prevail にも「克服する、打ち勝つ」という意味がありますが、自動詞なので後ろに直接、目的語を続けることはできません。後ろに前置詞 over [against] がつきます。

**訳** 政府は、製造業界における労働者の大量失業という問題をいかにして克服するかといった大きな課題に直面しています。

(B)広がる、普及している、克服する　(C)〜に耐える、〜を支える　(D)〜を高める、強める

# 第177問

できたら…○
できなかったら…×

次の選択肢の中から正しいものを選びなさい。

One of the risks of establishing a social networking service is that the network operator will be partly ( ) for comments posted by its users.

(A) eligible       (B) feasible

(C) liable         (D) sustainable

**単語の意味**

establish[ɪstǽblɪʃ]…～を設立する、開設する   post[póʊst]…～を投稿する

# 第178問

できたら…○
できなかったら…×

次の選択肢の中から正しいものを選びなさい。

( ) peak times around tax season, employees at Williamson Accounting enjoy most weekends off and flexible work schedules.

(A) Except for      (B) Even if

(C) Regardless     (D) Instead of

**単語の意味**

peak time…ピーク時、最盛時   employee[emplóɪːー]…従業員、被雇用者
flexible[fléksəbl]…柔軟な、融通のきく、曲げられる
work schedule…勤務時間（帯）、仕事の予定

**答え (C) liable** (5·3章第15問)

選択肢には形容詞が並んでいます。SNS (social networking service) を立ち上げるにあたって生じるリスクのひとつを that 節以下で述べています。the network operator will be partly (　) for comments posted by its users「ユーザーが投稿したコメント内容について、通信事業者が部分的な〜することになる」の「〜」部分にどの形容詞を入れれば全体の文意が通るかを考えます。(C) liable「(法的な) 責任がある」を入れて will be partly liable for 〜とすれば「〜に対して部分的な法的責任を負うだろう」となり、文意が通ります。be liable for はビジネスでもよく使われます。

訳 ユーザーが投稿したコメント内容について、通信事業者が部分的な法的責任を負うことになるというのが、SNS を立ち上げるにあたって生じるリスクのひとつです。

(A)資格のある、適格な　(B)実行できる、実現可能な　(D)持続可能な

---

**答え (A) Except for** (レッスン・1章第18問)

選択肢には群前置詞や接続詞的に用いる表現が並んでいます。空欄以降は peak times around tax season「納税申告期間を中心とした繁忙期」と名詞句になっています。(B) Even if の後ろには節 (= S + V を含むかたまり) が続くので、この時点で除外できます。peak times「繁忙期」と weekends off and flexible work schedules「週末休暇や柔軟な勤務時間」という相反するものをつなげる選択肢は何かを考えます。

(A) Except for「〜を除けば、〜を別にすれば」を入れれば、文意が通ります。(C) Regardless の後ろに名詞句を続ける場合には前置詞 of が必要です。(D) Instead of では文意が通りません。

訳 納税申告期間を中心とした繁忙期を除いては、ウイリアムソン会計事務所の従業員は、ほぼ毎週末休暇を取り、柔軟な勤務時間を享受しています。

(B)たとえ〜だとしても　(C)【副】とにかく【群前置詞regardless ofの形では】〜にかかわらず、〜に関係なく　(D)〜の代わりに

# 第179問

できたら…○
できなかったら…×

次の選択肢の中から正しいものを選びなさい。

The airline expected a decrease in bookings when airfares rose; (　　), the number of reservations increased by 10 percent.

- (A) instead
- (B) moreover
- (C) never
- (D) still

**単語の意味**

decrease in…～の減少　booking[búkiŋ]…予約　airfares[éərfèərz]…航空運賃　the number of ～…～の数　increase[ɪnkríːs]…上昇する、増加する

# 第180問

できたら…○
できなかったら…×

次の選択肢の中から正しいものを選びなさい。

In order to maintain the quality of all food products, carefully read instructions on labels as improper storage can cause products to (　　).

- (A) fluctuate
- (B) deteriorate
- (C) reduce
- (D) condense

**単語の意味**

in order to ～…～するために　maintain[meɪntéɪn]…～を維持する、保つ
food product…食品　carefully[kéərfəli]…注意深く、丁寧に
improper[ɪmprɑ́ːpər]…不適切な　storage[stɔ́ːrɪdʒ]…保管、貯蔵

▶ 第 179 問

答え　(A) instead

（炎2・第84問）

選択肢には副詞が並んでいます。空欄前にセミコロン（；）が使われていることに注目します。**セミコロンは関係のある2文をつなぎます。**前後の文は、同じトピックについて述べられている必要があります。セミコロンの主な使い方は、①接続副詞の代わりに、等位な2つの文章をつなぐ、②接続副詞を使いながら、2つの文章をつなぐ、というものです。

この英文は②のパターンで、空欄には接続副詞が入ります。「接続副詞」とは、接続詞の働きをする副詞のことです。セミコロン前後の2文をつないで使える接続副詞は、(A) instead「それどころか、代わりに」だけです。

訳　航空運賃が上昇したことで、航空会社は予約の減少を見込んでいました。ところが逆に、予約件数は10パーセントも増加しました。

(B)その上　(C)決して〜ない　(D)まだ、なお

▶ 第 180 問

答え　(B) deteriorate

（パート5・第141問）

選択肢には動詞が並んでいます。carefully read instructions on labels as improper storage can cause products to (　　)「不適切な保管は商品の〜を引き起こしうるので、ラベルの注意書きをよくお読みください」の「〜」部分にどの動詞を入れれば全体の文意が通るかを考えます。空欄の少し前に置かれた cause … to 〜表現が鍵になります。cause … to 〜で「（人・物）に〜させる」という意味になります。

(B) deteriorate「劣化する、悪化する」であれば、文意が通ります。他動詞としての用法もあり、「〜を劣化させる、悪化させる」という意味になります。名詞は deterioration「悪化」です。

訳　不適切な保管は商品の劣化を招く恐れがありますので、あらゆる食品の品質維持のため、ラベルの注意書きをよくお読みください。

(A)（価格などが）変動する　(C)〜を減らす　(D)（気体などが）液化する、（液体が）濃くなる

# 第181問

次の選択肢の中から正しいものを選びなさい。

It has become difficult to make a reservation at Any's Cafe (　　) since the restaurant was featured in the magazine Diner's Delights.

(A) ever (B) any

(C) immediately (D) whenever

#### 単語の意味

**difficult**[dífikəlt]…難しい、困難な　**make a reservation**…予約する
**feature**[fíːtʃər]…〜の特集を組む、〜を特ダネにする

# 第182問

次の選択肢の中から正しいものを選びなさい。

Analysts were amazed that Reiner and Walker insurance group could have such strong earnings (　　) poor market conditions.

(A) while (B) amid

(C) even (D) toward

#### 単語の意味

**analyst**[ǽnəlɪst]…アナリスト、分析者　**amaze**[əméɪz]…〜を驚嘆させる、びっくりさせる
**earnings**[ə́ːrnɪŋz]…収益　**market conditions**…市況

**答え** (A) ever

選択肢には、副詞として働く単語が並んでいます。(A) ever と (C) immediately は副詞、(B) any は副詞、形容詞、代名詞、(D) whenever は副詞、複合関係副詞、疑問副詞として働きます。空欄前までで「エイミーズ・カフェの予約を取るのが難しくなった」とあり、空欄後では「『ダイナーズ・ディライツ』誌に特集されて以来」と言っています。空欄部分がなくても英文の意味はつながります。つまり、空欄には直後に置かれた接続詞 since に意味を加える語が入るのではないかと推測できます。(A) ever「ずっと」を入れると、ever since で「〜以来ずっと」の意味になり、「ずっと」という点を強調することができます。

**訳** 『ダイナーズ・ディライツ』誌に特集されて以来ずっと、エイミーズ・カフェの予約を取るのが難しくなりました。

(B)【副】(疑問文や条件節で)少しは【形】(肯定文で)どんな〜でも【代】(肯定文で)何でも (C)直ちに、すぐに (D)【副】いつでも【複合関係副詞】〜するときはいつでも、たとえいつ〜しても【疑問副詞】一体いつ〜

**答え** (B) amid

空欄後が poor market conditions「思わしくない市況」と名詞句になっているので、空欄に入るのは前置詞だとわかります。(A) while は接続詞、(C) even は副詞で、前置詞は (B) amid と (D) toward です。amid と toward のどちらが正解かは、全体の意味を考えます。

空欄前後をつないで文意が通るのは、(B) amid「〜の真ん中に、〜の真っ最中に」です。amid は少しフォーマルな英文で使われる前置詞なので、なじみのない人もいるかもしれませんが、出題されています。最近のパート5では、よりフォーマルな英文やビジネス関連の英文で使われる語彙の出題が増えています。

**訳** 市況が悪い中でライナー・アンド・ウォーカー保険グループがこれほどの収益を上げることができたことにアナリストたちは驚きました。

(A)〜している間に、〜の一方で (C)〜でさえ (D)〜のほうへ

# 第183問

次の選択肢の中から正しいものを選びなさい。

The smallest change in temperature can (　　) the entire batch, so strict guidelines must be followed when working with the solution.

- (A) enclose
- (B) contaminate
- (C) prohibit
- (D) implement

### 単語の意味

**temperature**[témpərtʃər]…温度、気温　**entire**[entáiər]…全体の、全部の
**batch**[bǽtʃ]…ひと束、一団　**strict**[stríkt]…厳しい、厳重な　**follow**[fá:lou]…〜に従う　**work with** 〜…〜を扱う仕事をする　**solution**[səlú:ʃən]…溶液、溶剤

# 第184問

次の選択肢の中から正しいものを選びなさい。

Louise Kirk was (　　) vice-president of marketing, making her the youngest person to hold such a position in the company's history.

- (A) appointed
- (B) associated
- (C) determined
- (D) advanced

### 単語の意味

**vice-president**[váis-prézədənt]…部長、部署の統括責任者

> **答え** (B) contaminate　　　　　　　　　（緑・3章第12問）

選択肢には動詞が並んでいます。The smallest change in temperature can (　　) the entire batch「最小限の温度変化が全体を〜可能性がある」の「〜」部分にどの動詞を入れれば全体の文意が通るかを考えます。空欄前後は「全体の品質を損なう」のような意味になるのではと推測できます。したがって、(B) contaminate「〜の品質を落とす、〜を汚染する」が正解です。

contaminate の意味は知っていても、空欄直後の the entire batch「全体（＝全体の＋ひと束）」や solution「溶液」を知らなければ、全体の意味がわからないため正解できません。solution には「解決、解決策」以外の意味もあるのです。

**訳**　最小限の温度変化であっても全体の品質が損なわれる恐れがあるので、溶液を扱う際には厳しいガイドラインに従わなければなりません。

(A)〜を同封する　(C)〜を禁止する　(D)〜を実行する

> **答え** (A) appointed　　　　　　　　　　（炎・第43問）

選択肢には動詞が並んでいます。この問題の場合、Louise Kirk was (　　) vice-president of marketing「ルイーズ・カークさんはマーケティング部長に〜された」の部分をチェックしただけで、正解は (A) appointed「〜を任命する」ではないかと推測できます。

appoint は appoint +〈人〉+ to be〈職〉の形で使い、「〈人〉を〈職〉に任命する」という意味になります。to be を省略して appoint +〈人〉+〈職〉の形で使われることが多いです。この英文では、「〈人〉が〈職〉に任命される」と、〈人〉の部分を主語にして受動態になっています。

**訳**　ルイーズ・カークさんはマーケティング部長に任命され、会社史上最も若くしてその役職に就いたことになりました。

(B)〜を(…と)関連付ける　(C)〜を決定する　(D)〜を進める　の過去分詞

# 第**185**問

次の選択肢の中から正しいものを選びなさい。

Machine software was upgraded and equipment was modified, (　　) increasing the capacity of all three production lines.

(A) however　　(B) quite

(C) thus　　(D) so that

### 単語の意味

upgrade[ápgrèɪd]…〜をアップグレードする、〜の性能を高める
equipment[ɪkwípmənt]…機器、機材　modify[mɑ́:dəfàɪ]…〜を変更する、修正する
capacity[kəpǽsəti]…生産能力、生産量　production line…生産(製造)ライン

# 第**186**問

次の選択肢の中から正しいものを選びなさい。

Despite the tremendous efforts made by the organizing committee, a suitable venue for this year's conference has not (　　) been located.

(A) now　　(B) soon

(C) often　　(D) yet

### 単語の意味

despite[dɪspáɪt]…〜にもかかわらず　tremendous[trɪméndəs]…多大な、途方もない
organizing committee…組織委員会　suitable[sú:təbl]…適切な、ふさわしい
venue[vénju:]…会場、開催地　locate[lóʊkeɪt]…〜を探し出す、見つけ出す

**答え** (C) thus  (炎2・第50問)

文頭からコンマまでは節（＝ S ＋ V を含むかたまり）になっていて、空欄直後は現在分詞です。空欄直後に it is が省略されていると推測できます。it is を補うと、空欄以降の意味は「それ（＝コンマ前の主節の内容）が３つの製造ライン全ての生産量を増加させている」という意味になります。**コンマの後ろに置いて、これら２つの文章をつないで使えるのは接続副詞です。**副詞でありながら接続詞のように使うことができるのが接続副詞です。

選択肢の中で接続副詞は (A) however と (C) thus だけです。thus「そうすることで、こうして」であれば、文意が通ります。

**訳** 機械のソフトウェアがアップグレードされ、設備が変更されたことにより、３つの製造ライン全ての生産量が増加しています。

(A)しかしながら (B)全く (D)(目的を表して)〜するために、(結果を表して)それで〜

**答え** (D) yet  (炎2・第13問)

選択肢には副詞が並んでいます。a suitable venue for this year's conference has not (    ) been located「今年の会議に適した会場は〜見つかっていない」の「〜」部分にどの副詞を入れれば全体の文意が通るかを考えます。

(D) yet「まだ、今のところ」であれば、文意が通ります。yet は主に否定文と疑問文で使われます。否定文で使われる場合は「まだ（〜ない）」、疑問文で使われる場合には「もう、すでに」という意味になります。この問題の場合、空欄前に置かれた not が大きなヒントになります。

他に〈have yet to be ＋過去分詞〉「いまだ〜されない」という表現の yet 部分が問われる問題も出題されます。

**訳** 組織委員会による多大な努力にもかかわらず、今年の会議に適した会場はまだ見つかっていません。

(A)今は (B)もうすぐ (C)たびたび

# 第187問

次の選択肢の中から正しいものを選びなさい。

The plant manager in Detroit has scheduled a meeting for early next week in order to find a (　　) to the issue of defects.

(A) distribution      (B) procedure

(C) resolution      (D) attention

**単語の意味**

plant[plént]…工場　schedule[skédʒuːl]…〜を予定に入れる　in order to 〜…
〜するために　issue[íʃuː]…問題、問題点　defect[díːfekt]…不具合、欠陥、不備

# 第188問

次の選択肢の中から正しいものを選びなさい。

Initial findings were unclear, but the secondary report provided better (　　) into the cause of the incident and could help prevent similar events in the future.

(A) clarity      (B) response

(C) inquiry      (D) insight

**単語の意味**

initial[iníʃl]…最初の、初めの　finding(s)[fáindɪŋ(s)]…結果、結論
provide[prəváid]…〜を提供する、〜を与える　cause[kɔ́ːz]…原因、根拠
incident[ínsədənt]…事故、事件、出来事　prevent[privént]…〜を防ぐ、〜を妨げる

答え (C) resolution

(炎 2・第 138 問)

選択肢には名詞が並んでいます。in order to find a (　　) to the issue of defects「不具合問題への〜を見つけるために」の「〜」部分にどの名詞を入れれば全体の文意が通るかを考えます。

この問題の場合、find a (　　) to the issue of defects 部分をチェックするだけでも正解がわかります。「解決策」や「対処方法」のような意味の語が入るのではと推測できます。

(C) resolution「解決、解決策」が正解です。resolution は他のパートでは「(画像の) 解像度」という意味で使われることもあります。動詞 resolve「〜を解決する」も出題されています。

訳 デトロイトの工場のマネージャーは不具合問題の解決策を見つけるために来週初めに会議を開く予定です。

(A)配布、流通　(B)手順、手続き　(D)注意、留意

答え (D) insight

(レッスン・1 章第 21 問)

選択肢には名詞が並んでいます。the secondary report provided better (　　) into the cause of the incident「2 回目の報告書は、事故原因に対してよりよい〜を提供した」の「〜」部分にどの名詞を入れれば全体の文意が通るかを考えます。

(D) insight「見識、見解、洞察」であれば、文意が通ります。insight は idea「考え、案」や opinion「意見」と意味は似ていますが、それらよりも少しフォーマルな単語です。

訳 1 回目の調査結果ははっきりした内容ではありませんでしたが、2 回目の報告書は、事故原因に対するより的確な見解を提供するもので、今後同様の事態の発生を防止するのに役立つ可能性があります。

(A)明瞭さ　(B)応答　(C)問い合わせ

# 第189問

できたら…○
できなかったら…×

次の選択肢の中から正しいものを選びなさい。

In order to (    ) the financial challenges of opening a new business, many entrepreneurs prefer to start with a minimal investment.

(A) confront     (B) validate

(C) identify     (D) acknowledge

**単語の意味**

in order to ~…~するために　**financial challenge**…資金問題、財政的課題
**entrepreneur**[à:ntrəprənə́:r]…起業家、企業家　**prefer**[prɪfə́:r]…~を好む、むしろ
~の方を好む　**minimal**[mínəml]…最小限の　**investment**[ɪnvéstmənt]…投資、出資

# 第190問

できたら…○
できなかったら…×

次の選択肢の中から正しいものを選びなさい。

The dealer sells all models of vehicles (    ) those that do not comply with local environmental regulations.

(A) but     (B) moreover

(C) whether     (D) because

**単語の意味**

**dealer**[dí:lər]…ディーラー、販売人　**comply with** ~…~に従う、(条件)を満たす
**environmental regulation(s)**…環境規制

答え (A) confront

(緑・4章第18問)

選択肢には動詞が並んでいます。In order to (　　) the financial challenges of opening a new business「新規ビジネスを立ち上げる際の資金問題に〜ために」の「〜」部分にどの動詞を入れれば全体の文意が通るかを考えます。

空欄には「善処する、立ち向かう」のような意味の単語が入ると推測できます。したがって、(A) confront「〜に立ち向かう、〜と向かい合う」を入れればいいとわかります。

訳 新規ビジネスを立ち上げる際の資金問題に善処するために、多くの起業家はなるべく最小限の投資からスタートしようとします。

(B)〜を有効にする　(C)〜を確認する、識別する　(D)〜を認める、承認する

答え (A) but

(難問・2章第3問)

選択肢には、さまざまな品詞の単語が並んでいます。空欄後から文末までは長い名詞句です。したがって、後ろに節（＝S＋Vを含むかたまり）が続かなければならない接続詞 (C) whether と (D) because は不適切です。

空欄直後の those は「そうしたもの」という意味で使われ、ここでは vehicles を指します。those に続く that は関係代名詞の主格なので、空欄以降は「地域の環境規制に適合しないもの（＝自動車）」という意味です。(A) but には接続詞以外に前置詞の用法があります。前置詞 but は「〜以外に、〜を除いて」という意味で使われます。この but であれば文意が通ります。

訳 このディーラーは地域の環境規制に適合しないものを除き、全てのモデルの車を販売しています。

(B)さらに　(C)〜かどうか　(D)〜だから

# 第191問

次の選択肢の中から正しいものを選びなさい。

The bank strongly recommends that clients change passwords on a regular basis, otherwise their accounts will be more (　　) to attack.

(A) difficult (B) eligible

(C) vulnerable (D) adhered

単語の意味

recommend[rèkəménd]…〜を勧める、奨励する　client[kláɪənt]…顧客、取引先
on a regular basis…定期的に　otherwise[ʌ́ðərwàɪz]…さもなければ、そうしないと
account[əkáunt]…口座　attack[ətǽk]…〜を攻撃する

# 第192問

次の選択肢の中から正しいものを選びなさい。

We will inform you when we have received the vacuum cleaner from our factory, and you may pick it up on the (　　) business day.

(A) previous (B) present

(C) subsequent (D) standard

単語の意味

vacuum cleaner…電気掃除機　pick up…〜を受け取る
business day…営業日、取引日

▶ 第191問

**答え** (C) vulnerable （レッスン・4章第18問）

選択肢には形容詞と形容詞の働きをする過去分詞が並んでいます。otherwise their accounts will be more ( ) to attack「そうしないと（＝パスワードを変更しないと）銀行口座が攻撃に対してより〜になる」の「〜」部分にどの単語を入れれば全体の文意が通るかを考えます。

(C) vulnerable「脆弱な、攻撃を受けやすい」であれば、文意が通ります。vulnerable は vulnerable to 〜「〜に対して弱い」の形で使われることが多いです。名詞 vulnerability「攻撃されやすいこと」も併せて覚えておきましょう。

**訳** その銀行では、利用客に定期的にパスワードを変更することを強く勧め、そうしないと銀行口座が攻撃に対して脆弱になると勧告しています。

(A)難しい　(B)資格がある、ふさわしい　(D)【動】自動詞adhere「従う、固守する」の過去形・過去分詞(＊後ろに前置詞toを伴う)

▶ 第192問

**答え** (C) subsequent （4・5章第10問）

選択肢には形容詞が並んでいます。You may pick it up on the ( ) business day「あなた様に通知しますので、その〜営業日にお受け取りいただけます」の「〜」部分にどの形容詞を入れれば全体の文意が通るかを考えます。

(C) subsequent「次の、後の」を入れれば、文意が通ります。subsequent business day で「翌営業日」という意味です。subsequent の対義語である (A) previous も重要単語で、TOEIC テストにも出題されます。The smartphone is 30% lighter compared to the previous model.「そのスマートフォンは前のモデルに比べて 30 パーセント軽量です」のように用います。

**訳** 工場から掃除機を受け取りましたら、あなた様に通知いたしますので、その翌営業日にお受け取りいただけます。

(A)前の、以前の　(B)現在の、今の　(D)標準の、基準となる

# 第193問

次の選択肢の中から正しいものを選びなさい。

Our company commissioned the services to a (　　) law firm reputed for its ability to affect favorable outcomes in court decisions.

- (A) honored
- (B) prominent
- (C) moderate
- (D) distinct

### 単語の意味

**commission**[kəmíʃən]…～を委任する　**(be) reputed for** ～…～で評判が高い
**affect**[əfékt]…～に影響を及ぼす、作用する　**favorable**[féivərəbl]…有利な、好都合な
**outcome**[áutkʌm]…結果

# 第194問

次の選択肢の中から正しいものを選びなさい。

Automakers, seeking to reduce the fuel consumption of their products, are well aware that the technology to do so is already (　　) available.

- (A) readily
- (B) reluctantly
- (C) voluntarily
- (D) willingly

### 単語の意味

**automaker**[ɔ́:toumèikər]…自動車メーカー、自動車製造会社
**reduce**[rid(j)ú:s]…～を引き下げる、減らす　**fuel consumption**…燃費
**aware**[əwéər]…気付いている

答え (B) prominent (3・3章第22問)

選択肢には形容詞と形容詞化した過去分詞が並んでいます。
Our company commissioned the services of a ( ) law firm
「当社は〜な法律事務所に業務を委託した」の「〜」部分にど
の単語を入れれば全体の文意が通るかを考えます。
(B) prominent「著名な、卓越した」であれば、文意が通りま
す。ビジネス関連の英文を読んでいると、企業や人などを形容
する単語としてよく見かけます。
類義語 outstanding「傑出した」と distinguished「卓越した」
も覚えておきましょう。

> 訳 当社は、裁判で有利な結果を引き出す能力があると評判の、有名な法
> 律事務所に業務を委託しました。

(A)名誉ある (C)適度な (D)はっきりした、別個の

答え (A) readily (3・5章第19問)

選択肢には副詞が並んでいます。自動車メーカーの話で、空欄
前後で the technology to do so is already ( ) available「その
ための技術はすでに〜手に入る」と言っています。
(A) readily「すぐに」を入れれば readily available「すぐに手
に入る、すぐに利用［使用］可能だ」となり、文意が通りま
す。
readily available は慣用的に使われていてよく目にする表現な
ので、英文を読み慣れている人は空欄前後の数語をチェックす
るだけで解ける問題です。形容詞 available「利用［使用］可能
な」も語彙問題として出題されています。

> 訳 自動車メーカー各社は、自社製品の燃費を抑えようと努めていますが、そ
> のための技術はすでに簡単に手に入るということを十分承知しています。

(B)しぶしぶ、嫌々ながら (C)自発的に、自主的に (D)喜んで、進んで

# 第195問

次の選択肢の中から正しいものを選びなさい。

(　　　) the trade surplus with the United States increases, the United States government will raise tariffs.

(A) In case  (B) Regardless of
(C) In place  (D) If possible

**単語の意味**

trade surplus…貿易黒字　increase[ɪnkríːs]…増える、増大する
raise[réɪz]…〜を上げる、高くする　tariff[térɪf]…関税

---

# 第196問

次の選択肢の中から正しいものを選びなさい。

Applicants for the program are required to have a minimum of three years' work experience (　　　) an advanced degree in economics.

(A) instead of  (B) as well as
(C) in addition  (D) in terms of

**単語の意味**

applicant[ǽplɪkənt]…応募者、申込者　work experience…実務経験、職歴
advanced degree…上級学位、学士号より上の学位
economics[èkənάːmɪks]…経済学

**答え** (A) In case

(3・4章第5問)

空欄の後ろが〈節＋コンマ＋節〉なので、空欄に入るのは節と節をつなぐ接続詞の働きをするものでなければなりません。選択肢の中で接続詞の働きをするのは、(A) in case「もし〜の場合には」だけです。

in case はよく使われる表現です。in case that の接続詞 that が省略された形です。接続詞 that が省略されているため、節が続くことがわからない人もいます。後ろに名詞か名詞句が続く場合には、in case of inclement weather「もし悪天候の場合は」のように群前置詞 in case of を使います。in case of も出題されています。

**訳** 対米貿易黒字額が増加すれば、アメリカ政府は関税を上げるでしょう。

(B)〜にかかわらず、〜に関係なく　(C)正しい位置に　(D)可能なら

**答え** (B) as well as

(6・1章第15問)

選択肢 (C) in addition 以外は群前置詞です。( ) an advanced degree in economics「経済学の修士号〜」の「〜」部分にどの群前置詞を入れれば全体の文意が通るかを考えます。

A as well as B「B と同様に A も、B のみならず A もまた」の表現となる (B) の as well as を入れれば文意が通ります。使い方は接続詞 and と似ていますが、特に A を強調したいときに使います。

なお、(C) in addition「加えて」は、後ろに to を続けて、in addition to 〜「〜に加えて」とすると正解になります。

**訳** そのプログラムへの応募者は、3年以上の実務経験および経済学の修士号か博士号の取得者でなければなりません。

(A)〜の代わりに　(C)加えて　(D)〜に関して、〜の点から見て

# 第**197**問

次の選択肢の中から正しいものを選びなさい。

As products containing harsh chemicals may (　　) the metal, we urge people to use only those solutions that have been approved by the manufacturer.

(A) restore  (B) collapse

(C) adjust  (D) degrade

### 単語の意味

**contain**[kəntéin]…〜を含む、包含する　**harsh chemical**…刺激の強い化学薬品
**metal**[métl]…金属　**urge**[ə́ːrdʒ]…〜を促す、強く迫る
**solutions**[səlúːʃənz]…溶剤、溶液　**approve**[əprúːv]…〜を認可する、承認する
**manufacturer**[mæ̀njəfǽktʃərər]…製造会社、メーカー

# 第**198**問

次の選択肢の中から正しいものを選びなさい。

The research team decided to (　　) the project because the market forecasts no longer seemed promising.

(A) compose  (B) justify

(C) adapt  (D) abandon

### 単語の意味

**market forecast**…市場予測　**no longer 〜**…もはや〜ない
**promising**[práːməsiŋ]…前途有望な、見込みのある

▶ 第 197 問

> **答え** (D) degrade
> (6・3章第22問)

選択肢には動詞が並んでいます。As products containing harsh chemicals may (　) the metal「刺激の強い化学物質を含んだ製品は金属を〜する可能性があるため」の「〜」部分にどの動詞を入れれば全体の文意が通るかを考えます。

コンマ以降で「当社ではメーカーが承認した液剤だけを使用することを勧めている」とあります。コンマより前でその理由を述べているはずなので、ネガティブな意味の動詞が入るだろうと推測できます。(D) degrade「（品質など）を下げる」であれば「金属を劣化させる可能性があるため」となり、文意がつながります。de- は「低下、下降」の意味がある接頭辞です。

> **訳** 刺激の強い化学物質を含んだ製品は金属を劣化させる可能性があるため、当社ではメーカーが承認した液剤のみを使用することを勧めています。

(A)〜を(元の状態に)回復させる　(B)崩壊する　(C)〜を調整する、適合させる

▶ 第 198 問

> **答え** (D) abandon
> (難問・3章第4問)

選択肢には動詞が並んでいます。The research team decided to (　) the project「研究チームはそのプロジェクトを〜ことに決めた」の「〜」部分にどの動詞を入れれば全体の文意が通るかを考えます。

(D) abandon「〜を放棄する、断念する」を入れれば「プロジェクトを断念することに決めた」となり、文意が通ります。多くの人が「abandon＝捨てる」と覚えていて、ゴミなど目に見えるものを捨てる場合にしか使わないと思っています。捨てる対象がこの問題のように the project と目に見えないものだとピンとこないのです。それがこの問題を難しくしています。

> **訳** 市場予測にはもはや有望感がなくなったため、研究チームはそのプロジェクトを断念することに決めました。

(A)〜を組み立てる　(B)〜を正当化する　(C)〜を適合させる

# 第199問

できたら…○
できなかったら…×

次の選択肢の中から正しいものを選びなさい。

The document was (　　) identified as an original and is expected to attract the attention of many collectors when it is presented at auction next month.

(A) highly　　　(B) steadily

(C) considerably　(D) positively

### 単語の意味

**identify**[aɪdéntəfàɪ]…(〜に相違ないと)確認する、識別する
**attract**[ətrǽkt]…〜を引きつける、魅了する
**attention**[əténʃən]…注意、留意　**present**[prɪzént]…〜を見せる、公開する

# 第200問

できたら…○
できなかったら…×

次の選択肢の中から正しいものを選びなさい。

Regus Jewelers offers inspection and cleaning of watches to ensure its customers' timepieces are (　　) maintained.

(A) well　　　(B) likely

(C) probably　(D) fast

### 単語の意味

**offer**[ɔ́ːfər]…〜を提供する　**inspection**[ɪnspékʃən]…点検、検査
**ensure**[enʃúər]…〜を確実にする、保証する　**customer**[kʌ́stəmər]…顧客、得意先
**timepiece**[táɪmpìːs]…時計　**maintain**[meɪntéɪn]…〜を維持する、保存する、整備する

**答え** (D) positively

（難問・4章第17問）

選択肢には副詞が並んでいます。この問題の場合、空欄前後の was identified as an original「原本であることが確認された」が大きなヒントになり、全文を読まなくても解答できます。逆に、この部分の意味がわからなければ正解できません。

選択肢の中で was identified とともに使えて意味が通るのは、(D) positively「間違いなく、疑いの余地なく」しかありません。以前に比べ、最近のテストでは、語彙問題でも空欄前後に少しフォーマルな表現や少し難しめの単語が置かれていて、その意味がわからなければ空欄に入れる単語もわからない、というような問題が増えています。

**訳** その文書は間違いなく原本であると判明したので、来月のオークションに出品されれば多くのコレクターの注目を集めると見られています。

(A)大いに、非常に　(B)着実に、着々と　(C)かなり、相当に

**答え** (A) well

（炎・第73問）

選択肢には副詞が並んでいます。この英文の意味を考える際には、動詞 ensure の後ろに接続詞 that が省略されていることに気付く必要があります。to ensure its customers' timepieces are (　　) maintained「お客様の時計が〜維持されるように」の「〜」部分にどの副詞を入れれば全体の文意が通るかを考えます。(A) well「よく、十分に」であれば、文意が通ります。このような問題では well の意味を知っているだけでは解けず、空欄前後の are maintained とつなげて使えるのはどれかという観点が必要になります。well には他に形容詞としての用法もあり、「調子がいい」という意味になります。

**訳** リージャス・ジュエラーズでは、お客様の時計が良い状態で維持されるように腕時計の点検と掃除を行っています。

(B)ありそうな、〜しそうな　(C)おそらく、多分　(D)速く

# 第201問

次の選択肢の中から正しいものを選びなさい。

Due to a dramatic decline in the amount of donations received this year, it might be difficult to ( ) staff the exhibition.

(A) fully

(B) appropriate

(C) recently

(D) complete

**単語の意味**

**due to** 〜…〜のせいで、〜が原因で　**decline in** 〜…〜の減少、低下
**amount**[əmáʊnt]…量、(金)額　**donation**[doʊnéɪʃən]…寄付
**staff**[stǽf]…〜にスタッフ[職員]を配置する　**exhibition**[èksəbíʃən]…展示会、展示

# 第202問

次の選択肢の中から正しいものを選びなさい。

( ) when in the main offices of the plant, workers are required to wear safety helmets and goggles at all times.

(A) Except

(B) Apart

(C) Aside

(D) Then

**単語の意味**

**plant**[plǽnt]…工場　**require**[rɪkwáɪər]…〜を必要とする、要求する
**at all times**…常に、いつも

**答え** (A) fully

（炎・第16問）

選択肢にはさまざまな品詞が並んでいます。it might be difficult to ( ) staff the exhibition「展示会に〜人員を配置するのは難しいかもしれない」の「〜」部分にどの単語を入れれば全体の文意が通るかを考えます。空欄後に置かれた動詞 staff を修飾し、文意が通るのは、副詞（A）fully「十分に、完全に」しかありません。**問題文では staff は動詞「〜にスタッフ［職員］を配置する」の意味で使われています。**

名詞としての staff「スタッフ、職員」しか知らないと、(B) appropriate や (D) complete を間違って選ぶ可能性が高いです。各単語には 2 つ以上の品詞がある場合が多いので、気をつけましょう。

**訳** 今年は寄せられた寄付額が激減したため、展示会に十分な人員を配置するのは難しいかもしれません。

(B)【形】適切な　(C)【副】最近、近ごろ　(D)【形】完全な【動】〜を完成させる

**答え** (A) Except

（炎2・第111問）

前置詞・接続詞の用法がある（A）Except 以外は、いずれも副詞です。空欄直後に置かれた接続詞 when の後ろには、workers are が省略されています。元の英文は when (workers are) in the main office「作業員が工場の事務所内にいるとき」となり、副詞節です。特殊な用法ですが、前置詞である（A）except「〜を除いて」は、that 節・wh 節・if 節などを後ろに伴って使うことができます。この英文では、except wh 節（具体的には except when 〜）が使われ、「〜のとき以外は」という意味になります。

except that 〜「〜であることを除いては」の形でも出題されています。

**訳** 工場の事務所内にいるときを除き、作業員は安全ヘルメットとゴーグルを常時着用することが義務付けられています。

(B)離れて　(C)わきへ　(D)そのとき

# 第203問

次の選択肢の中から正しいものを選びなさい。

As soon as the current sales figures are available, we will begin to ( ) this month's marketing report.

(A) assume
(B) accommodate
(C) implement
(D) compile

### 単語の意味

as soon as ~…~するとすぐに　current[kə́:rənt]…現在の　sales figures…売上高、販売数量　available[əvéiləbl]…入手できる、使用できる、利用できる

# 第204問

次の選択肢の中から正しいものを選びなさい。

Before the final version of the contract is printed, an additional meeting has been scheduled to ( ) any remaining uncertainties.

(A) allow
(B) clarify
(C) reply
(D) install

### 単語の意味

contract[kɑ́:ntrækt]…契約書、契約　additional[ədíʃənl]…追加の
be scheduled to ~…~する予定になっている
remaining[riméiniŋ]…残った、残りの
uncertainty[ʌnsə́:rtnti]…不確定要素、不確実なこと(もの)

**答え** (D) compile

選択肢には動詞が並んでいます。we will begin to (　　) this month's marketing report「我々は今月のマーケティングレポートを～し始める」の「～」部分にどの動詞を入れれば全体の文意が通るかを考えます。

(D) compile「（資料など）を編さんする、集める」を入れれば「レポートの編さんをし始める」となり、文意が通ります。なお、リスニングセクションでは、類似表現の put together が使われることが多いです。The team will put together a report and send it by Friday.「チームが金曜日までにレポートをまとめて送ります」のように用います。

**訳** 現在の売上高（の数字）が入手でき次第、我々は今月のマーケティングレポートの編さんをし始めます。

(A)～と仮定する、(責任など)を担う　(B)～を収容する、適応させる　(C)～を実行する、導入する

---

**答え** (B) clarify

選択肢には動詞が並んでいます。an additional meeting has been scheduled to (　　) any remaining uncertainties「残っている不確定要素を～ために追加の会議が予定されている」の「～」部分にどの動詞を入れれば全体の文意が通るかを考えます。

(B) clarify「～を明確にする、はっきりさせる」であれば、文意が通ります。

動詞 clarify は let me clarify ～「～を明らかにさせてください」や I would like to clarify ～「～を明らかにしたいのです」のような表現で、会議などで頻繁に使われます。

**訳** 契約書の最終版が印刷される前に、残っている不確定要素を明確にするために追加の会議が予定されています。

(A)～を許可する、可能にする　(C)(～に)返事をする、答える　(D)～を設置する、取り付ける

# 第205問

できたら…○
できなかったら…×

次の選択肢の中から正しいものを選びなさい。

Because shipping rates (　　) by weight and size, each package must be weighed and measured accurately.

(A) depend (B) expect

(C) exclude (D) vary

### 単語の意味

**shipping rate**…送料、輸送料　**weigh**[wéi]…〜の重さを量る
**measure**[méʒər]…(寸法、分量など)を測る　**accurately**[ǽkjərətli]…正確に、正しく

# 第206問

できたら…○
できなかったら…×

次の選択肢の中から正しいものを選びなさい。

The new garment factory in Mumbai is now complete and we expect it to be fully (　　) no later than August 20.

(A) clothed (B) operational

(C) vulnerable (D) feasible

### 単語の意味

**garment**[gáːɾmənt]…衣服、衣料品　**complete**[kəmplíːt]…完成した、完了した、終了した　**fully**[fúli]…完全に、十分に　**no later than 〜**…〜よりも遅れることなく、〜までに

答え　(D) vary

選択肢には動詞が並んでいます。Because shipping rates (　　) by weight and size「送料は重さと大きさによって〜ので」という箇所の「〜」部分にどの動詞を入れれば全体の文意が通るかを考えます。

空欄には「変わる、異なる」というような意味の動詞が入るはずだと推測できます。(D) vary「**変わる、変化する**」であれば、文意が通ります。形容詞 various「さまざまな」や名詞 variety「多様性」も覚えておきましょう。

(A) depend は空欄後に by ではなく on が続いていれば正解になります。(B) expect や (C) exclude では意味が通りません。

訳　送料は重さと大きさによって異なるので、荷物はそれぞれ正確に計量され、寸法測定されなければなりません。

(A)(〜)次第である、(〜に)よる　(B)〜を予期する、期待する　(C)〜を除く、排除する

答え　(B) operational

選択肢には形容詞と形容詞化した過去分詞が並んでいます。we expect it to be fully (　　) no later than August 20「それ（＝新しい縫製工場）は、8 月 20 日までには完全に〜していると思われる」の「〜」部分にどの単語を入れれば全体の文意が通るかを考えます。「完全に稼働している」という意味になればいいのではと推測できます。形容詞である (B) operational「**運転可能な、操作できる**」が正解です。fully operational「フル稼働で」という表現はよく使われます。

operational を知らなくても、動詞 operate「〜を運転[操作]する」や名詞 operation「運転、操作」から推測できるはずです。

訳　ムンバイの新しい縫製工場はすでに完成しており、8 月 20 日までにはフル稼働していると思われます。

(A)衣服を着た　(C)弱い、傷つきやすい　(D)実行できる、実現可能な

# 第207問

次の選択肢の中から正しいものを選びなさい。

Dallas was chosen to host the World Junior Tennis Championships because of its ( ) to numerous sporting venues.

(A) proximity
(B) appropriateness
(C) transition
(D) similarity

**単語の意味**

host[hóust]…～を主催する　numerous[n(j)úːmərəs]…多数の、数々の
venue[vénjuː]…開催地、会場

# 第208問

次の選択肢の中から正しいものを選びなさい。

Renowned artist Sophia Manfred explained that various sites from a recent trip to New York City are the ( ) of her latest modern art exhibit.

(A) subject
(B) field
(C) address
(D) question

**単語の意味**

renowned[rɪnáund]…有名な、名高い　various[véəriəs]…さまざまな、多様な
site[sáɪt]…場所、用地、敷地　latest[léɪtɪst]…最新の、最近の
exhibit[ɪɡzíbɪt]…展覧会、展示会

答え (A) proximity

選択肢には名詞が並んでいます。because of は群前置詞です。because of 以降は〈群前置詞＋名詞句〉の形で修飾語です。主節で「ダラスは世界ジュニアテニス選手権の開催地に選ばれた」と言っており、because of 以降でその理由を述べています。(A) proximity「近いこと、近接」を入れれば「数々のスポーツ会場に近いことから」となり、文意が通ります。proximity to 〜で「〜に近いこと」の意味になります。proximity は前置詞 to と一緒に使われることが多いので、この問題の場合、空欄直後の to も大きなヒントになります。

訳 ダラスは数々のスポーツ会場に近いことから、世界ジュニアテニス選手権の開催地に選ばれました。

(B)妥当性、適合性　(C)移行、変遷　(D)類似、相似

---

答え (A) subject

選択肢には名詞が並んでいます。ソフィア・マンフレッドが説明した内容は接続詞 that 以下に書かれています。various sites from a recent trip to New York City are the (　) of her latest modern art exhibit「先のニューヨーク旅行で見たさまざまな場所が今回のモダンアート展の〜である」とあります。「〜」部分にどの名詞を入れれば文意が通るかを考えます。

「〜」部分に入れて文意が通るのは、(A) subject「テーマ、題材、主題」しかありません。小説やアート関連の英文で subject は頻繁に使われます。この問題でも、空欄以降の her latest modern art exhibit が大きなヒントになります。

訳 有名アーティストのソフィア・マンフレッドは、先のニューヨーク旅行で見たさまざまな場所が今回のモダンアート展の題材だと説明しました。

(B)分野、領域　(C)住所、演説　(D)質問、問題

# 第209問

次の選択肢の中から正しいものを選びなさい。

Sarah Jacobson, senior manager at Danforth Accounting, works (　　) her team of professionals to ensure the quality of their services.

(A) alongside
(B) within
(C) between
(D) regarding

### 単語の意味

**senior manager**…課長、上級管理者　**professional**[prəféʃənl]…専門家
**ensure**[enʃúər]…～を保証する、確実にする　**quality**[kwá:ləti]…質、品質

# 第210問

次の選択肢の中から正しいものを選びなさい。

After moving to its new location in Mayview Mall, sales of LeChic Clothiers increased (　　) the much higher customer volume.

(A) instead of
(B) on account of
(C) even though
(D) on behalf of

### 単語の意味

**location**[loukéiʃən]…場所　**customer**[kʌ́stəmər]…顧客、取引先

答え (A) alongside

(炎・第89問)

選択肢には前置詞が並んでいます。Sarah Jacobson（中略）works（　）her team of professionals「サラ・ジェイコブソンさんは専門家チーム〜働いている」の「〜」部分にどの前置詞を入れれば全体の文意が通るのかを考えます。

「〜と一緒に」とか「〜と共に」というような意味の前置詞が入るはずだと推測できます。(A) alongside「〜と一緒に」が正解です。たとえ alongside を知らなくても、alongside のalong が大きなヒントになります。**alongside は過去に出題されている along with と同じ意味で使われます。**最近はこのような少しフォーマルな語も出題されています。

訳 ダンフォース・アカウンティングの課長であるサラ・ジェイコブソンさんは専門家チームと共に働き、自分たちのサービスの質を保証しています。

(B)〜以内に　(C)〜の間に　(D)〜に関して

答え (B) on account of

(炎・第87問)

選択肢には群前置詞と接続詞の働きをする表現が並んでいます。空欄後は（　）the much higher customer volume「かなり多い顧客数」と名詞句なので、空欄には前置詞の働きをする群前置詞が入るはずと考えます。したがって、接続詞の働きをする (C) even though はこの時点で除外できます。(C) 以外の選択肢は全て前置詞の働きをする群前置詞なので、どれであれば全体の文意が通るかを考えます。

(B) on account of「〜の理由で、〜によって」を入れれば、文意が通ります。**頻出の群前置詞である because of や due to、たまに出る owing to とほぼ同じ意味です。**

訳 メイビュー・モール内の新しい場所に移転した後、かなり多い顧客数のおかげで衣料品店ルシック・クロージャーズの売上は伸びました。

(A)〜の代わりに　(C)たとえ〜であっても　(D)〜を代表して、〜の代わりに

# 第211問

次の選択肢の中から正しいものを選びなさい。

Saravanan Abdi is the youngest person (　　) to have published a national best-selling novel.

(A) already (B) ever

(C) now (D) once

**単語の意味**

publish[pábliʃ]…〜を出版する、発行する　national[nǽʃənl]…全国的な、国の
novel[nάːvl]…小説

# 第212問

次の選択肢の中から正しいものを選びなさい。

A fairly (　　) proportion of the local government budget was used to pay back debts which had been accumulating at an alarming rate for a decade.

(A) vacant (B) liable

(C) successive (D) substantial

**単語の意味**

budget[bádʒət]…予算　debt[dét]…債務、負債　accumulate[əkjúːmjəlèit]…累
積する　alarming[əlάːrmiŋ]…驚くべき、憂慮すべき　decade[dékeid]…10年間

**答え** (B) ever

（難問・3章第6問）

選択肢はいずれも副詞として使える単語です。to 不定詞以下は、空欄前の the youngest person を修飾しています。したがって、the youngest person to have published a national best-selling novel で「国内ベストセラー小説を出した最も若い人」という意味になります。(B) ever「これまでの中で」を空欄に入れれば the youngest person を強調することになり、「国内ベストセラー小説を出したこれまでの中で最も若い人」を表します。

ever は「最上級＋名詞＋ever」の形で the best film ever「これまでで最高の映画」、the worst accident ever「史上最悪の事故」などのように、**最上級を強調するときによく使われます**。

**訳** サラバナン・アブディは史上最年少で国内ベストセラー小説を出した人物です。

(A)すでに　(C)今　(D)いったん

**答え** (D) substantial

（3・3章第17問）

選択肢には形容詞が並んでいます。A fairly (　　) proportion of the local government budget was used to pay back debts「その地方自治体の予算の相当に〜の割合は、債務の返済に使われた」の「〜」部分にどの形容詞を入れれば全体の文意が通るかを考えます。

(D) substantial「かなりの」を入れれば、文意が通ります。空欄直前の副詞 fairly「相当に」は形容詞 substantial を修飾し、その意味を強めています。

substantial の副詞である substantially「大いに、十分に」も出題されます。一緒に覚えておきましょう。

**訳** その地方自治体の予算の相当かなりの部分は、10 年間、驚くべき割合で累積してきた債務の返済に使われました。

(A)空いている　(B)(法的に)責任がある　(C)連続する

# 第213問

次の選択肢の中から正しいものを選びなさい。

The (　　) supplier of women's clothes to the Wyatt Department Store is the Bobbi White Manufacturing Company.

(A) ruling      (B) promising

(C) dominant    (D) preferable

### 単語の意味

**supplier**[səpláiər]…供給業者、納入業者

# 第214問

次の選択肢の中から正しいものを選びなさい。

The cosmetic company with the largest sales is the one that has the most (　　) series of products in the global market.

(A) affluent       (B) diverse

(C) tentative      (D) accomplished

### 単語の意味

**cosmetic company**…化粧品会社　**product**[prá:dəkt]…製品、生産物
**global market**…世界市場

**答え** (C) dominant

選択肢には形容詞が並んでいます。The (　　) supplier of women's clothes to the Wyatt Department Store「ワイアット百貨店への婦人服の〜な納入業者」の「〜」部分にどの形容詞を入れれば全体の文意が通るかを考えます。

(C) dominant を入れて「主要な納入業者」とすれば、文意が通ります。dominant は「**支配的な、主要な**」を意味する形容詞で、dominant market「支配的市場」や dominant currency「主要通貨」などビジネス関連の英文で頻繁に使われます。(A) ruling「支配［統治］する」は日本語に訳したときの意味は似ていますが、政治や統治に関する語なのでここでは使えません。

**訳** ワイアット百貨店に婦人服を納めている主要仕入業者は、ボビー・ホワイト製造会社です。

(A)支配［統治］する　(B)前途有望な、期待できる　(D)望ましい、好ましい

---

**答え** (B) diverse

選択肢には形容詞と形容詞化した過去分詞が並んでいます。has the most (　　) series of products in the global market「世界市場で最も〜な製品シリーズを持っている」の「〜」部分にどの単語を入れれば全体の文意が通るかを考えます。

(B) diverse「**さまざまな、多様性のある**」を入れれば、文意が通ります。形容詞 diverse や名詞 diversity「多様性」はビジネス関連の英文でよく使われる単語です。特に企業のパンフレットやIRレポートなどで頻繁に使われます。

**訳** 売上高最高を誇るその化粧品会社は、最も多種多様な製品シリーズを世界市場に出しています。

(A)裕福な　(C)仮の　(D)成し遂げられた

# 第215問

次の選択肢の中から正しいものを選びなさい。

The government lawyers had verifiable (　　) that the company was cheating on its taxes.

(A) investigation (B) identification

(C) evidence (D) adjustment

### 単語の意味

**lawyer**[lɔ́ɪər]…弁護士 **verifiable**[vérəfàɪəbl]…証明できる、検証できる
**cheat**[tʃíːt]…ごまかす、欺く **tax**[tǽks]…税金、税

# 第216問

次の選択肢の中から正しいものを選びなさい。

In order to (　　) the risk of injury to eyes, workers are provided with safety glasses that must be worn in the plant at all times.

(A) replace (B) regard

(C) eliminate (D) transfer

### 単語の意味

**in order to ～**…～するために **injury**[índʒəri]…けが、損傷
**provide**[prəváɪd]…～に(…を)支給する、供給する **safety glasses**…保護メガネ
**plant**[plǽnt]…工場 **at all times**…常に、いつも

▶ 第 215 問

**答え** (C) evidence

(4・2章第19問)

選択肢には名詞が並んでいます。この問題は空欄前後をチェックするだけで解けます。ヒントとなるキーワード verifiable が空欄前に置かれています。形容詞 verifiable「証明できる、検証できる」の意味を知っていれば、verifiable に続けて使うことができるのは、(C) evidence「証拠」しかないことが瞬時にわかります。verifiable evidence で「証明しうる証拠」の意味です。**動詞 verify「～を立証する、実証する」**もビジネスでよく使う単語で、**TOEIC 頻出単語**です。Researchers were able to verify Dr. Webb's findings.「研究者たちはウェブ博士の研究結果を立証することができました」のように用います。

**訳** 政府側の弁護士は、その会社が納税額をごまかしたとする確かな証拠をつかんでいました。

(A)調査 (B)身元確認、識別 (D)調整、適合

▶ 第 216 問

**答え** (C) eliminate

(緑・5章第8問)

選択肢には動詞が並んでいます。In order to (　) the risk of injury to eyes「目のけがのリスクを～ために」の「～」部分にどの動詞を入れれば全体の文意が通るかを考えます。
工場でメガネをかけるのは、目のけがのリスクをなくすためだと考えられます。したがって、(C) eliminate「～を取り除く、排除する」を入れればいいとわかります。
類義語 remove「～を取り除く、除去する」も出題されるので、一緒に覚えておきましょう。This filter can remove most of junk emails.「このフィルターでほとんどの迷惑メールを取り除くことができます」のように用います。

**訳** 目のけがのリスクをなくすため、労働者には保護メガネが支給されており、工場では常に着用しなければなりません。

(A)～を取り替える (B)～を(…と)みなす (D)～を移動させる、転任させる

# 第217問

次の選択肢の中から正しいものを選びなさい。

Alicia Kona (　　) the career ladder in business consulting and became partner in Price and Walker faster than any of her colleagues.

(A) predicted　　(B) implemented

(C) ascended　　(D) accomplished

### 単語の意味

career ladder…出世の道、昇進の階段　partner[páːrtnər]…共同経営者
colleague[káːliːg]…同僚、仕事仲間

# 第218問

次の選択肢の中から正しいものを選びなさい。

While Sara Vann is visiting the new factory in Mumbai, Ken Lee will be the primary (　　) for any legal issue that may arise.

(A) correspondence　　(B) negotiation

(C) contact　　(D) merger

### 単語の意味

primary[práɪmèri]…主な、第一の　legal issue…法的問題
arise[əráɪz]…起こる、発生する

**答え** (C) ascended

（炎・第 13 問）

選択肢には動詞が並んでいます。日ごろからビジネス関連の雑誌などを読んでいる人であれば、空欄直後の the career ladder 部分をチェックしただけで正解は ascend「～を上る、登る」の過去形である (C) ascended だとわかります。ascend the career ladder で「出世の階段を登る」という意味です。

ネイティブは「出世の道、昇進の階段」という意味で、日常的に career ladder という表現を使います。この表現を知らなくても、直訳すれば「キャリアのはしご」なので、正解を導き出すことは可能です。ascend の反意語である descend「～を下降する」も出題されています。一緒に覚えましょう。

**訳** アリシア・コナさんはビジネスコンサルティングで出世し、同僚の誰よりも早くプライス・アンド・ウォーカーの共同経営者になりました。

(A)～を予測する　(B)～を実行する、実施する　(D)～を成し遂げる、仕上げる　の過去形

**答え** (C) contact

（炎2・第 79 問）

選択肢にはいずれも名詞としての用法があります。Ken Lee will be the primary (　　) for any legal issue that may arise「起こりうるいかなる法的問題に関して、ケン・リーさんが主な～になる」の「～」部分にどの名詞を入れれば全体の文意が通るかを考えます。「主な責任者だ」とか「主な担当者だ」のような英文になるのではと推測できます。

選択肢の中で該当するのは、(C) contact「窓口、連絡先」しかありません。動詞としての contact「～に連絡する」しか知らない人が多いはずです。名詞の contact は、複合名詞で contact person「連絡窓口、窓口担当者」のようにも使われます。

**訳** サラ・ヴァンさんがムンバイの新工場に訪れている間、起こりうるいかなる法的問題に関してもケン・リーさんが主な窓口となります。

(A)書簡、文書　(B)交渉　(D)合併

# 第219問

できたら…○
できなかったら…×

次の選択肢の中から正しいものを選びなさい。

Because of the recent decline in real estate prices within the city, ownership has become (      ) inexpensive.

(A) rarely

(B) comparatively

(C) primarily

(D) deliberately

**単語の意味**

recent[ríːsnt]…最近の、近ごろの　　decline in 〜…〜の下落、減少
real estate price…不動産価格　　ownership[óunərʃip]…所有、所有権
inexpensive[inikspénsiv]…安価な、(価格が)安い

# 第220問

できたら…○
できなかったら…×

次の選択肢の中から正しいものを選びなさい。

The enclosed summary (      ) the primary changes that have been made to the previous agreement.

(A) advances

(B) outlines

(C) expedites

(D) devotes

**単語の意味**

enclosed[enklóuzd]…同封された　　summary[sʌ́məri]…要約、概略
primary[práiməri]…主要な、最も重要な　　previous[príːviəs]…以前の、前の
agreement[əgríːmənt]…契約(書)、同意(書)、合意(書)

**答え** (B) comparatively

(パート5・第64問)

選択肢には副詞が並んでいます。ownership has become (　) inexpensive「所有は〜安価になっている」という箇所の「〜」部分にどの副詞を入れれば全体の文意が通るかを考えます。(B) comparatively「**比較的**」であれば、comparatively inexpensive「比較的安価な」となり、文意が通ります。

comparatively は繰り返し出題されています。**動詞 compare「〜を比較する」**、**形容詞 comparative「(他の物と比べて) かなりの」**も併せて覚えておきましょう。

なお、同じく「比較的」の意味をもつ副詞に relatively があります。relatively high「比較的高い」のように使います。

**訳** 市内の不動産価格が近年下落しているために、所有は比較的安価になっています。

(A)めったに〜しない　(C)第一に、主に　(D)意図的に、故意に

**答え** (B) outlines

(炎2・第76問)

選択肢には動詞が並んでいます。空欄前が主語の The enclosed summary「同封された概要」で、空欄後が目的語である the primary changes「主要な変更点」です。これらをつなげて文意が通るのは、(B) outlines しかありません。outline「〜の要点を述べる、〜を概説する」という他動詞に、主語が三人称単数現在の場合に付ける三単現 -s が付いた形です。

この問題で特にヒントになるのは、空欄直前に置かれた summary です。the summary outlines 〜 という表現は、仕事で英語を使っている人は頻繁に目にしているはずです。

**訳** 同封された概要には、前回の合意書に加えられた主な変更点がまとめられています。

(A)〜を前進させる　(C)〜を迅速に処理する　(D)〜をささげる　の三人称単数現在

# 第221問

次の選択肢の中から正しいものを選びなさい。

According to the travel guidebook, the Wilmington walking tour that goes through the town's historic district is a (　　) experience.

(A) promising　　(B) worthwhile

(C) sufficient　　(D) capable

### 単語の意味

**according to** ～…～によると　**go through**…(場所など)を通り抜ける、通過する
**district**[dístrIkt]…地区、地域

# 第222問

次の選択肢の中から正しいものを選びなさい。

To ensure that staff do not become too tired, we must distribute the workload (　　) among all those involved in the project.

(A) exclusively　　(B) evenly

(C) mutually　　(D) specifically

### 単語の意味

**ensure**[enʃúər]…～を確実にする　**distribute**[dIstríbjuːt]…～を割り当てる、分配する
**workload**[wə́ːrklòud]…仕事量　**those**[ðóuz]…(～である)人々
**(be) involved in** ～…～に関わる

**答え** (B) worthwhile （パート5・第137問）

選択肢には形容詞が並んでいます。The Wilmington walking tour（中略）is a（　）experience「ウィルミントンのウォーキングツアーは～体験だ」の「～」部分にどの形容詞を入れれば全体の文意が通るのかを考えます。

(B) worthwhile「価値のある」であれば、文意が通ります。worth にちなんだ単語としては、形容詞 worth「～に値する」、be worth ～ ing「～する価値がある」や形容詞 worthy「価値のある」、be worthy of ～「～に値する」などがあります。これらはパート5だけでなく他のパートでも使われます。一緒に覚えましょう。

> **訳** 旅行ガイドブックによると、街の歴史地区を回るウィルミントンのウォーキングツアーは価値のある体験です。

(A)将来有望な、見込みのある　(C)十分な、満足な　(D)能力がある、有能な

**答え** (B) evenly （緑・1章第14問）

選択肢には副詞が並んでいます。We must distribute the workload（　）among all those involved in the project「本件に関わる人全員に仕事量を～割り振らなければならない」の「～」部分にどの副詞を入れれば全体の文意が通るかを考えます。過労を防ぐ方法として、選択肢の中で考えられるのは「仕事量を均等に分ける」しかありません。したがって、(B) evenly「均等に、平等に」が正解です。

evenly は「平らに」という意味もあり、パート7ではこの意味でも使われます。

> **訳** スタッフが過労にならないよう、本件に関わる人全員に仕事量を均等に割り振らなければなりません。

(A)もっぱら、全く～のみ　(C)互いに、相互に　(D)明確に、はっきりと

# 第223問

次の選択肢の中から正しいものを選びなさい。

Retailers are (　　) aware that not offering products online is likely to decrease their market potential.

(A) briefly　　　(B) exceptionally

(C) adversely　　(D) keenly

---

**単語の意味**

retailer[ríːtèɪlər]…小売業者、小売店　aware[əwéər]…気がついて、意識して
offer[ɔ́ːfər]…〜を提供する、申し出る　be likely to 〜…〜しそうである
decrease[dìːkríːs]…〜を減らす、減少させる　potential[pəténʃəl]…可能性、潜在力

# 第224問

次の選択肢の中から正しいものを選びなさい。

The company resort property was constructed nearly thirty years ago and has not been renovated (　　).

(A) altogether　　(B) then

(C) whenever　　(D) since

---

**単語の意味**

property[prɑ́ːpərti]…所有物、所有地、地所　nearly[níərli]…ほとんど、ほぼ
renovate[rénəvèɪt]…〜を改修する、改装する

▶ 第 223 問

**答え** (D) keenly

（難問・2 章第 21 問）

選択肢には副詞が並んでいます。Retailers are (  ) aware that「小売業者は that 節以下のことを〜意識している」という英文で、形容詞 aware「気がついて、意識して」の前に置いて、全体の文意が通るのはどれかを考えます。

(D) keenly「鋭く、鋭敏に」を入れれば、「鋭く気づいている」、つまり「痛感している」となり、文意が通ります。

形容詞 keen「鋭敏な」も覚えておきましょう。

**訳** 小売業者はオンラインで商品提供をしなければ自らの市場潜在能力が低下すると痛感しています。

(A)簡潔に　(B)例外的に、非常に　(C)反対に

▶ 第 224 問

**答え** (D) since

（パート 5・第 22 問）

空欄前は has not been renovated と現在完了形でかつ受動態になっていますが、動詞です。したがって、空欄には動詞を修飾する副詞が入るはずです。選択肢全てに**副詞としての用法がある**ため、どれが正解かは文意を考えます。

(D) since「それ以来、その後」を入れて「その会社の保養施設は 30 年近く前に建設され、それ以来改装されていない」とすれば、文意が通ります。since を前置詞・接続詞としてしか**理解していなかった人にとっては、難しい問題です。**TOEIC では前置詞・接続詞としての since は何度も出題されてきましたが、副詞としての since も扱われるようになりました。

**訳** 同社の保養施設は 30 年近く前に建設され、それ以来改装されていません。

(A)完全に、全体で　(B)あのとき、そのとき　(C)【副】いつでも【複合関係副詞】〜するときはいつでも、たとえいつ〜しても【疑問副詞】一体いつ〜

# 第225問

できたら…○
できなかったら…×

次の選択肢の中から正しいものを選びなさい。

The sales team did not achieve its quota, (　) did it qualify for the quarterly Top Performer's award.

(A) else　　(B) either

(C) nor　　(D) instead

単語の意味

achieve[ətʃíːv]…〜を達成する、実現する　quota[kwóʊtə]…ノルマ、割当額、割当量
qualify for 〜…〜にふさわしい、必要な資格を得る
quarterly[kwɔ́ːrtərli]…四半期ごとの、年4回の、3カ月ごとの　award[əwɔ́ːrd]…賞、賞金

# 第226問

できたら…○
できなかったら…×

次の選択肢の中から正しいものを選びなさい。

The (　) between the Beijing Chemical Company and the Tokyo Chemical Company was a major trading firm in Hong Kong which effectively connected the two firms.

(A) liaison　　(B) association

(C) relationship　　(D) acquaintance

単語の意味

chemical[kémɪkl]…化学の　major[méɪdʒər]…主要な、一流の
effectively[ɪféktɪvli]…事実上、効果的に、有効に
connect[kənékt]…〜をつなぐ、結びつける

**答え** (C) nor
（パート 5・第 27 問）

注目すべき点が 2 カ所あります。まず、The sales team did not achieve its quota が否定文であること、そして空欄後の語順です。did it qualify ～と、疑問詞もないのに疑問文のような語順になっています。このような語順を「倒置」と言います。**文頭に否定語がくると、後ろが倒置され、〈助動詞 do［does, did］＋主語＋動詞の原形〉の語順になります。**

選択肢の中に否定語は（C）nor「～もまた…ない」しかありません。nor は、or と not からなる否定の接続詞です。コンマの後に続く節の文頭に nor が来たことにより、<u>it did not</u> qualify ～の語順が倒置され、<u>nor did it</u> qualify ～になったのです。

**訳** 営業チームはノルマの達成もならず、四半期ごとのトップパフォーマー賞の対象にもなりませんでした。

(A)【副】そのほかに　(B)【接】(eitherA or B の形で)AかBのどちらか　(D)【副】代わりに

---

**答え** (A) liaison
（3・1 章第 26 問）

選択肢には名詞が並んでいます。The (　　　) between the Beijing Chemical Company and the Tokyo Chemical Company was a major trading firm「北京化学会社と東京化学会社との～は、大手商社だった」の「～」部分にどの名詞を入れれば全体の文意が通るかを考えます。

effectively connected the two firms「2 社を効果的につなげた」という表現がヒントになります。(A) liaison「連絡窓口」を入れれば、文意が通ります。最近はこの問題のように、ビジネスで頻繁に英語を使っている人にとっては簡単だけれど、そうでない人は知らないといった語彙の出題が増えています。

**訳** 北京化学会社と東京化学会社との連絡窓口は、実質 2 社間の橋渡しをした香港の大手商社です。

(B)提携、つながり　(C)関係、関連　(D)知人、知り合い

# 第227問

次の選択肢の中から正しいものを選びなさい。

Penguin Packages Service (　　) fees when drivers are late or if they are unable to make a safe delivery due to bad weather.

(A) fixes (B) alleviates

(C) waives (D) substitutes

**単語の意味**

fee[fíː]…料金、手数料　late[léit]…遅れた、遅い　be unable to ~…~することができない　delivery[dɪlívəri]…配達、配送　due to ~…~のせいで、~が原因で

# 第228問

次の選択肢の中から正しいものを選びなさい。

Whether taking a train, bus or flying, at Raymond Travel, we specialize in getting you the best deals (　　) you decide to travel.

(A) otherwise (B) however

(C) what (D) then

**単語の意味**

flying[fláiŋ]…飛行、飛行機　specialize in ~…~を専門に扱う、~に特化する
best deal…最良の取引

**答え (C) waives**

（炎2・第45問）

選択肢には動詞が並んでいます。Penguin Packages Service
(  ) fees「ペンギン・パッケージ・サービスでは料金を～」の
「～」部分にどの動詞を入れれば全体の文意が通るかを考えます。
料金を免除する、料金を請求しない、のような内容になると推測
できます。**waive「（権利、請求権など）を放棄する、断念する」**
の三人称単数現在 (C) waives が正解です。少しフォーマルですが、ビジネス必須単語です。店や会社側に問題があり、配送料の請求を放棄して無料にするという場合に、waive fees「料金の請求をしない」という表現で使われることが多いです。パート6の長文穴埋め問題やパート7の読解問題でも使われます。

**訳** ペンギン・パッケージ・サービスでは、ドライバーが遅れた場合や悪天候で安全に配達ができない場合、料金を請求しません。

(A)～を修理する、決める、固定する　(B)～を軽減する、緩和する　(D)～を代わりに使う　の三人称単数現在形

**答え (B) however**

（緑・2章第7問）

空欄前後には、we specialize ～ と you decide ～ という2つの「節」があります。したがって、節と節をつなぐことができる単語を選ばなければなりません。

**(B) however は「しかしながら」の意味が有名ですが、複合関係副詞の用法もあり、「どんな方法で～しようとも」の意味で使われます。複合関係副詞の場合は副詞節をつくり、節と節を結び**ます。(A) otherwise は接続的に用いることができる副詞ですが、文意が通りません。同じく副詞 (D) then は節をつなぐことはできません。(C) what は疑問代名詞と関係代名詞の用法がありますが、名詞句や名詞節をつくるので節と節をつなげません。少し難しい問題ですが、実際に出題されています。

**訳** 電車、バス、または飛行機、どのような交通手段をお客様が選択されても、私どもレイモンド・トラベルは最安値でご提供すべく特化しています。

(A)さもなければ　(C)【疑問代名詞】何が[を]【関係代名詞】～すること[もの]
(D)そのとき、それから

# 第229問

次の選択肢の中から正しいものを選びなさい。

Because each product is assigned a (　) bar code, retailers are better able to keep track of inventory and ensure that no shortages occur.

(A) steady　　　　(B) distinct

(C) approximate　(D) diverse

#### 単語の意味

**assign**[əsáin]…〜を割り当てる、あてがう　**retailer**[rí:tèilər]…小売業者、小売店
**keep track of 〜**…〜を追跡する、〜の経過を追う　**inventory**[ínvəntɔ̀:ri]…在庫
**ensure**[enʃúər]…〜を確実にする、保証する　**shortage**[ʃɔ́:rtɪdʒ]…不足、品不足
**occur**[əká:r]…起こる、生じる

# 第230問

次の選択肢の中から正しいものを選びなさい。

As part of the acquisition agreement, King Industries will (　) the debt of McNeil Chemicals.

(A) devote　　　(B) capture

(C) assume　　　(D) substitute

#### 単語の意味

**as part of 〜**…〜の一環として、〜の一部として　**acquisition**[æ̀kwəzíʃən]…（企業の）買収　**agreement**[əgrí:mənt]…契約、合意　**debt**[dét]…負債、債務

**答え** (B) distinct

(難問・3章第 13 問)

選択肢には形容詞が並んでいます。Because each product is assigned a (　　) bar code「各製品には〜バーコードが割り当てられているので」の「〜」部分にどの形容詞を入れれば全体の文意が通るかを考えます。

(B) distinct「**はっきりと識別できる、異なった、別個の**」であれば、文意が通ります。

動詞 distinguish「〜を区別する、識別する」や名詞 distinction「区別、識別」も覚えておきましょう。

> **訳** 各製品には固有のバーコードが割り当てられているので、小売業者はよりしっかりと在庫を管理でき、また在庫切れを確実に防ぐことができます。

(A)着実な、安定した　(C)おおよその　(D)さまざまな、多様性のある

**答え** (C) assume

(難問・1章第 13 問)

選択肢には動詞が並んでいます。King Industries will (　　) the debt of McNeil Chemicals「キングインダストリーズはマクニールケミカルズ社の負債を〜」の「〜」部分にどの動詞を入れれば全体の文意が通るかを考えます。

買収条件として負債を背負う、というような意味にすればいいのではないかと推測できます。(C) assume「**（負債）を肩代わりする、引き受ける**」であれば、文意が通ります。会計士や企業で契約関連の英文を扱っている人を除き、assume は「**〜を想定する**」の意味でしか知らない人が多いと思いますが、このような問題も実際に出題されています。

> **訳** 買収契約の一環として、キングインダストリーズはマクニールケミカルズ社の負債を肩代わりします。

(A)〜をささげる　(B)（注目など）〜を集める　(D)〜を代わりに使う

# 第231問

次の選択肢の中から正しいものを選びなさい。

Lewis Securities has been promoting the (　　　) of investing in companies that are engaged in only socially responsible business.

(A) concept
(B) regulation
(C) designation
(D) content

**単語の意味**

promote[prəmóut]…〜を推進する、進める　invest in 〜…〜に投資する
be engaged in 〜…〜に従事する、携わる　socially[sóuʃəli]…社会的に
responsible[rɪspáːnsəbl]…責任がある、責任を負える

# 第232問

次の選択肢の中から正しいものを選びなさい。

After receiving an (　　　) letter complaining about our customer service, the manager decided to hold a staff meeting to address the issue.

(A) unlimited
(B) anonymous
(C) unanimous
(D) encouraging

**単語の意味**

complain[kəmpléin]…不満[苦情・不平]を言う　decide to 〜…〜することに決める
address[ədrés]…(問題)を扱う、(問題)に当たる　issue[íʃuː]…問題、問題点

**答え** (A) concept

英文の主語は Lewis Securities「ルイス・セキュリティーズ社」で、動詞部分は has been promoting「推進してきた」です。その目的語が the (　　) of investing in companies that are engaged in only socially responsible business「社会的責任を果たす事業に携わる企業にのみ投資するという〜」です。「〜」部分にどの名詞を入れれば全体の文意が通るかを考えます。

(A) concept「**考え、概念**」を入れれば、文意が通ります。簡単な単語ですが、promote の目的語として使えることを知らない人は多いのではないでしょうか。promote には「（商品）の販促をする」以外の意味もあることを知っておきましょう。

**訳** ルイス証券会社は、社会的責任を果たす事業に携わる企業にのみ投資するという考えを推進してきました。

(B)規則、規制　(C)指定、指名　(D)内容、容量

**答え** (B) anonymous

選択肢には形容詞と形容詞化した分詞が並んでいます。After receiving an (　　) letter complaining about our customer service「カスタマーサービスに苦言を呈する〜の手紙を受け取った後」の「〜」部分にどの単語を入れれば全体の文意が通るかを考えます。

(B) anonymous「**匿名の**」であれば、文意が通ります。anonymous は少し難しい単語ですが、よく使われます。TOEIC テストではパート 7 でも使われます。副詞 anonymously「匿名で」も覚えておきましょう。

**訳** カスタマーサービスに苦言を呈する匿名の手紙を受け取ると、マネージャーはその問題に対処するためにスタッフ会議を開くことにしました。

(A)制限のない　(C)満場一致の　(D)勇気づける

# 第233問

次の選択肢の中から正しいものを選びなさい。

The shipment of the latest swimwear and summer clothing arrived at the department store ( ) in time for the hot weather.

(A) when (B) also

(C) still (D) just

### 単語の意味

**shipment**[ʃípmənt]…積荷、発送(品)、出荷　**latest**[léɪtɪst]…最新の、最近の

# 第234問

次の選択肢の中から正しいものを選びなさい。

Working with electrical equipment and other power tools in damp or wet locations may cause ( ) conditions.

(A) hazardous (B) dirty

(C) extreme (D) industrial

### 単語の意味

**electrical equipment**…電気機器、電気装置　**power tool**…電動工具
**damp**[dǽmp]…湿気のある、湿った　**wet**[wét]…湿った、ぬれた、水気のある
**cause**[kɔ́ːz]…～を引き起こす、招く　**condition**[kəndíʃən]…(複数形で)状況、条件

**答え** (D) just

（炎・2 第 103 問）

接続詞である（A）when 以外は、いずれも副詞です。空欄以降は節（＝ S＋V を含むかたまり）になっていません。したがって、後ろに節をとる（A）when はこの時点で除外できます。

残りのどれが正解かは、英文の意味を考えます。空欄前までで「新作の水着と夏服の入った荷物がデパートに到着した」と言っており、文が完結しています。空欄直後の in time for the hot weather は「暑い季節に間に合うように」の意味で、空欄部分がなくても意味が通ります。したがって、空欄には in time for 〜を補足する語が入ります。（D）just「ちょうど」を入れると「ちょうど間に合うように」となり、文意が通ります。

**訳** 新作の水着と夏服の入った荷物が、暑い季節にちょうど間に合うようにデパートに到着しました。

(A)〜するとき　(B)〜もまた　(C)まだ、なお

**答え** (A) hazardous

（炎・2 第 136 問）

選択肢には形容詞が並んでいます。Working with electrical equipment and other power tools in damp or wet locations may cause (      ) conditions.「湿気や水気の多い場所で電気機器やその他の電動工具を使用すると、〜状況を引き起こす恐れがあります」という英文で、「〜」部分にどの形容詞を入れれば文意が通るかを考えます。

引き起こされるのは感電などの「危険な状況」だろうと推測できます。したがって、正解は（A）hazardous「危険な、有害な」だとわかります。hazardous conditions で「危険な状況」という意味です。

**訳** 湿気や水気の多い場所で電気機器やその他の電動工具を使用すると、危険な状況を引き起こす恐れがあります。

(B)汚い、不潔な　(C)極端な、極度の　(D)産業の、工業の

# 第235問

次の選択肢の中から正しいものを選びなさい。

Although the president of the company is over 80 years old, John Robinson is well respected because he is (　　) without fresh ideas.

  (A) always   (B) now

  (C) never    (D) still

### 単語の意味

respect[rispékt]…～を尊敬する　fresh idea…斬新なアイデア

# 第236問

次の選択肢の中から正しいものを選びなさい。

Based on the latest data presented by analysts at yesterday's meeting, sales of smartphones will continue to (　　) for at least one more year.

  (A) thrive   (B) function

  (C) innovate  (D) achieve

### 単語の意味

based on ～…～に基づいて　latest[léitist]…最新の、最近の
present[prizént]…～を発表する、提出する　at least…少なくとも

答え (C) never                                          (炎・第 99 問)

選択肢には副詞が並んでいます。John Robinson is well respected because he is (　　) without fresh ideas「ジョン・ロビンソンさんは、斬新なアイデアがない〜ので、とても尊敬されている」の「〜」部分にどの副詞を入れれば全体の文意が通るのかを考えます。

(C) never「決して〜ない」を入れれば二重否定になり、「斬新なアイデアがないことが決してない」の意味になります。意訳すれば「常に斬新なアイデアがある」となるので、文意が通ります。never without で二重否定となり、結果、肯定の意味になることに注意しましょう。

訳　その会社の社長であるジョン・ロビンソンさんは 80 歳を超えていますが、常に斬新なアイデアが尽きることなく、とても尊敬されています。

(A)いつも　(B)今では　(D)まだ

答え (A) thrive                                          (炎 2・第 108 問)

選択肢には動詞が並んでいます。sales of smartphones will continue to (　　) for at least one more year「スマートフォンの売り上げは少なくともあと一年は〜し続けるだろう」の「〜」部分にどの動詞を入れれば全体の文意が通るかを考えます。

「(売り上げが) 持続する」や「(売り上げが) 伸びる」のような意味の動詞が入るのではと推測できます。(A) thrive「成長する、繁栄する」であれば「売り上げが伸び続ける」となり、文意が通ります。動詞 thrive を「繁栄する」という意味でしか知らない人も少なくないはずです。grow と同じで「成長する」の意味でも使われます。

訳　昨日の会議でアナリストが発表した最新のデータによると、少なくともあと一年はスマートフォンの売り上げは伸び続けるでしょう。

(B)機能する　(C)【自】革新する【他】〜を導入する　(D)〜を達成する

# 第237問

次の選択肢の中から正しいものを選びなさい。

One of the reasons that Sarah Park was chosen to lead BR Industries was that she always strives to ( ) a productive work environment.

(A) foster (B) determine

(C) clarify (D) install

**単語の意味**

lead[líːd]…〜を率いる、指導する　strive to 〜…〜するよう努力する
productive[prədʌ́ktɪv]…生産的な　work environment…労働環境

# 第238問

次の選択肢の中から正しいものを選びなさい。

By focusing its marketing on an older ( ), Kane Clothiers was able to expand its customer base by nearly 30%.

(A) system (B) personnel

(C) advantage (D) clientele

**単語の意味**

focus A on 〜…Aを〜に集中させる　be able to 〜…〜することができる
expand[ɪkspǽnd]…〜を拡大する　customer base…顧客ベース
nearly[níərli]…ほとんど、ほぼ

**答え** (A) foster

選択肢には動詞が並んでいます。she always strives to (　　) a productive work environment「彼女は常に生産的な労働環境を〜するよう努力する」の「〜」部分にどの動詞を入れれば全体の文意が通るかを考えます。

(A) foster「〜を助長する、育てる」であれば、文意が通ります。foster という動詞を知っていても「(子供) を育てる」という意味でしか知らない人も多いと思います。このような問題を正解するには、辞書の定義をそのまま覚えるのではなく、それぞれの単語が持っているニュアンスをさまざまな英文を読みながらマスターしなければなりません。

**訳** サラ・パークさんが BR 産業の指導者に選ばれた理由のひとつは、常に生産的な労働環境を作るよう努めたことです。

(B)〜を決心する、決定する　(C)〜を明らかにする　(D)〜を設置する、取り付ける

---

**答え** (D) clientele

選択肢には名詞が並んでいます。By focusing its marketing on an older (　　)「年配の〜に絞ってマーケティングを行ったことにより」の「〜」部分にどの名詞を入れれば全体の文意が通るかを考えます。

(D) clientele「顧客、常連客」であれば、文意が通ります。clientele は少し難しい単語ですが、client「顧客、取引先」は誰もが知っているはずなので、client から推測するといいでしょう。clientele はビジネスではよく使う単語です。**顧客を組織や会社などのように「集合体」としてとらえるときに使います。**一方、client は一人一人の顧客を指します。

**訳** 年配の顧客に絞ってマーケティングを行ったことにより、ケイン・クロージャーズは顧客ベースを 30 パーセント近く拡大することができました。

(A)システム　(B)全職員、人事課　(C)利点、長所

# 第239問

次の選択肢の中から正しいものを選びなさい。

In order to promote better employee cooperation, all participants will (    ) into teams at next week's training session.

(A) divide        (B) adjust

(C) achieve       (D) collect

単語の意味

in order to ~…~するために　promote[prəmóut]…~を促進する、進める
cooperation[kouὰ:pəréiʃən]…協力、協調　participant[pɑ:rtísəpənt]…参加者

# 第240問

次の選択肢の中から正しいものを選びなさい。

Additional rooms were reserved at the hotel (    ) a higher number of conference participants compared to previous years.

(A) in accordance with   (B) in terms of

(C) in anticipation of    (D) as long as

単語の意味

additional[ədíʃənl]…追加の　reserve[rɪzə́:rv]…~を予約する
participant[pɑ:rtísəpənt]…参加者、関係者　compared to ~…~に比べて
previous[prí:viəs]…以前の

**答え** (A) divide

（パート 5・第 145 問）

選択肢には動詞が並んでいます。all participants will ( ) into teams at next week's training session「来週のトレーニングセッションで参加者全員がチームに～」の「～」部分にどの動詞を入れれば全体の文意が通るかを考えます。

(A) divide「**分かれる**」が正解です。divide into teams で「チームに分かれる」という意味になります。

divide には自動詞と他動詞、両方の用法があります。この英文では主語が all participants「全ての参加者」なので、自動詞の「分かれる」という意味で使われています。他動詞の場合は、divide tasks「仕事を分ける」のように後ろに目的語が続きます。

> **訳** 社員同士のいっそうの協力を促進するため、来週のトレーニングセッションでは参加者全員がチームに分かれます。

(B)順応する、適応する　(C)～を達成する、実現する　(D)集まる、～を集める

**答え** (C) in anticipation of

（難問・3 章第 20 問）

選択肢には群前置詞や接続詞的に用いる表現が並んでいます。この英文では空欄以降が名詞句になっています。(D) as long as は、後ろに節（＝ S ＋ V を含むかたまり）が続くため、ここでは使えません。(A)(B)(C) は群前置詞のため、後ろに名詞句を続けることができます。空欄にどれを入れれば全体の文意が通るかを考えます。

(C) in anticipation of「**～を見込んで、～を予期して**」を入れれば「会議参加者の増加を見込んで」となり、文意が通ります。名詞 anticipation は「予期、予想」という意味です。

> **訳** それまでの数年に比べ、会議参加者の増加が見込まれていたので、そのホテルでは追加の部屋が予約されました。

(A)～に従って　(B)～に関して、～の点から見て　(D)～する[である]限り

# 第241問

できたら…○
できなかったら…×

次の選択肢の中から正しいものを選びなさい。

We would like to remind all employees to thoroughly check a document in its (　　) before submitting it to a client.

(A) content (B) entirety
(C) figure (D) segment

### 単語の意味

remind[rɪmáɪnd]…～に思い出させる、念を押す　employee[emplɔ́ii:]…従業員、被雇用者
thoroughly[θə́:rouli]…完全に、徹底的に、十分に
submit[səbmít]…～を提出する、投稿する　client[kláɪənt]…顧客、取引先

# 第242問

できたら…○
できなかったら…×

次の選択肢の中から正しいものを選びなさい。

(　　) in domestic power supplies over the past months has prompted the government to search for alternative energy sources.

(A) Surpluse (B) Improvement
(C) Instability (D) Expertise

### 単語の意味

domestic[dəméstɪk]…国内の、自国の、国産の　power supply…電力供給
prompt[prá:mpt]…～を促す、駆り立てる　search for ～…～を探す、探し求める
alternative[ɔ:ltə́:rnətɪv]…代わりの、他の　energy source…エネルギー源

**答え** (B) entirety　　　　　　　　　　(6・3章第 21 問)

選択肢には名詞が並んでいます。全従業員に念を押す内容が不定詞 to 以下に続いています。そこでは thoroughly check a document in its (　　) before submitting it to a client「顧客に提出する前に書類を～徹底的にチェックするように」と言っています。「～」部分にあたるのが、in its (　　) です。空欄にどの名詞を入れれば全体の文意が通るのかを考えます。

(B) entirety「全体」を入れて in its entirety とすれば、「全体として、そっくりそのまま」という意味の慣用表現になります。形容詞 entire「全体の、全部の」から推測するのもひとつの方法です。

**訳** 書類は顧客に提出する前に全体を徹底してチェックするよう、全社員に再確認したいと思います。

(A)内容、中身　(C)数字、図、(人の)姿　(D)部分

---

**答え** (C) Instability　　　　　　　　(6・4章第 8 問)

選択肢には名詞が並んでいます。空欄から the past months までがこの英文の主語です。動詞は has prompted です。(　　) in domestic power supplies over the past months「過去数カ月の国内における電力供給能力における～」の「～」部分にどの名詞を全体の文意が通るかを考えます。

(C) instability「不安定(な状態)」であれば、文意が通ります。instability of employment「雇用不安」、instability of the currency market「外国為替市場の不安定」、instability of the economic situation「経済状況の不安定」などのようにビジネス関連のレポートや英字新聞で頻繁に使われます。

**訳** 国内における電力供給能力が過去数カ月間不安定な状態にあることから、政府は代替エネルギー源を探す動きに出ました。

(A)余剰、過剰　(B)改良、改善　(D)専門知識

# 第243問

次の選択肢の中から正しいものを選びなさい。

Managers are concerned that the department budget may be in (　　) if sales do not make an immediate and dramatic recovery.

|               |               |
| ------------- | ------------- |
| (A) progress  | (B) threat    |
| (C) jeopardy  | (D) risk      |

**単語の意味**

**concern**[kənsə́ːrn]…～を心配させる **budget**[bʌ́dʒət]…予算
**immediate**[ɪmíːdiət]…即時の、即座の **dramatic**[drəmǽtɪk]…劇的な
**recovery**[rɪkʌ́vəri]…回復、取り戻すこと

# 第244問

次の選択肢の中から正しいものを選びなさい。

Expansion into the Asian markets, including not only China and Southeast Asia but also India, will (　　) our company in numerous ways.

|               |               |
| ------------- | ------------- |
| (A) gain      | (B) define    |
| (C) enforce   | (D) benefit   |

**単語の意味**

**expansion**[ɪkspǽnʃən]…拡大、拡張 **including**[ɪnklúːdɪŋ]…～を含めて
**numerous**[n(j)úːmərəs]…多数の、非常に多い、たくさんの

**答え** (C) jeopardy　　　　　　　　　　(7・2章第26問)

選択肢には名詞が並んでいます。管理職が心配している内容が接続詞 that 以降に書かれています。the department budget may be in (　　) if sales do not make an immediate and dramatic recovery「売上が今すぐ急激な回復を見せなければ、部門予算が〜になるかもしれない」とあり、「〜」部分にあたるのが in (　　) です。

空欄に (C) jeopardy「危険、危険性」を入れれば in jeopardy「危険にさらされて、危うくなって」の意味となり、文意が通ります。間違って (D) risk を選んだ人がいるはずですが、at risk と前置詞には at が使われます。

**訳** 管理職らは、売上が今すぐ急激な回復を見せなければ、部門予算が危機状態に陥る可能性があると心配しています。

(A)進歩、進展　(B)脅威　(D)リスク、恐れ

**答え** (D) benefit　　　　　　　　　　(3・1章第10問)

選択肢には動詞が並んでいます。Expansion into the Asian markets（中略）will (　　) our company in numerous ways「アジア市場への拡大は、多くの点で我々の会社に〜でしょう」の「〜」部分にどの動詞を入れれば全体の文意が通るかを考えます。

(D) benefit「〜の利益になる」であれば、文意が通ります。benefit という単語は知っていても、名詞の「利益」しか知らず、動詞としての働きがあることを知らない人も少なくありません。他にも company benefit（福利厚生）の company が省略された形での名詞の benefit を問う問題も出題されています。

**訳** 中国や東南アジアのみならずインドをも含むアジア市場への拡大は、多くの点で当社にとっての利益になります。

(A)〜を得る　(B)〜を定義する　(C)〜を実行する、強要する

# 第 245 問

次の選択肢の中から正しいものを選びなさい。

The building inspection revealed that the structure had been severely damaged in the earthquake and that it would have to be (　　).

(A) constructed
(B) evaluated
(C) demolished
(D) delivered

### 単語の意味

inspection[ɪnspékʃən]…調査、検査　reveal[rɪvíːl]…～を明らかにする、露呈する
structure[strʌ́ktʃər]…構造、骨組み　severely[sɪvíərli]…激しく、ひどく
damage[dǽmɪdʒ]…～を損傷する、傷つける　earthquake[ə́ːrθkwèɪk]…地震

# 第 246 問

次の選択肢の中から正しいものを選びなさい。

A meeting was called by the company to discuss launching an online magazine and all the details to be discussed were (　　).

(A) enforced
(B) withdrawn
(C) itemized
(D) devoted

### 単語の意味

call[kɔ́ːl]…～を招集する　launch[lɔ́ːntʃ]…～を始める、着手する
detail[díːteɪl]…詳細、細部　discuss[dɪskʌ́s]…～を議論する、話し合う

**答え** (C) demolished　　　　　　　　　　(5・2章第17問)

選択肢には動詞が並んでいます。the structure had been severely damaged in the earthquake and that it would have to be (　　)「その建築物は地震によって甚大な被害を受け、〜されなければならないことがわかった」の「〜」部分にどの動詞を入れれば全体の文意が通るかを考えます。

demolish「〜を解体する、取り壊す」の過去分詞 (C) demolished であれば、文意が通ります。ここでは受動態として使われています。似た意味の destroy は知っていても demolish は知らない人が多いです。ビジネスではややフォーマルな単語を使う場合が多く、パート5でもそのような語彙の扱いが増えています。

> **訳** 建物検査の結果、その建築物は地震により甚大な被害を受けており、解体せざるを得ないことがわかりました。

(A)〜を建設する　(B)〜を評価する　(D)〜配達する　の過去分詞

**答え** (C) itemized　　　　　　　　　　(5・1章第13問)

選択肢には動詞が並んでいます。all the details to be discussed were (　　)「話し合われる詳細全てが〜された」の「〜」部分にどの動詞を入れれば全体の文意が通るかを考えます。

itemize「〜を項目別に分ける、箇条書きにする」の過去分詞である (C) itemized であれば、文意が通ります。

itemize は名詞 item「項目、箇条」の派生語です。itemize は少し難しめの単語ですが、名詞 item を知っている人は多いはずなので、名詞から動詞の意味を推測しましょう。

> **訳** オンラインマガジンの発刊について話し合う会議がその会社により招集され、その詳細内容は全て項目別に分類されていました。

(A)〜を施行する、強制する　(B)〜を撤回する、やめる　(D)〜に専念する　の過去分詞

# 第247問

できたら…○
できなかったら…×

次の選択肢の中から正しいものを選びなさい。

Because of the security risks to employees, (    ) few companies are interested in sending their business personnel to the region.

(A) very          (B) further

(C) highly        (D) much

### 単語の意味

because of 〜…〜のために    be interested in 〜…〜に興味がある
personnel[pə̀:rsənél]…人員、職員    region[rí:dʒən]…地域、地方

# 第248問

できたら…○
できなかったら…×

次の選択肢の中から正しいものを選びなさい。

The government made an announcement that household (    ) had risen for three consecutive quarters.

(A) expenditures   (B) fees

(C) compensation   (D) currencies

### 単語の意味

household[háushòuld]…家庭の、家族の
consecutive[kənsékjətɪv]…連続した、立て続けの    quarter[kwɔ́:rtər]…四半期

**答 え** (A) very

(4・1章第 16問)

選択肢には副詞が並んでいます。コンマより前では「従業員にとっての危険度が高いため」とあり、コンマの後では( ) few companies are interested in sending their business personnel to the region「その地域に社員を派遣しようと考える企業は〜わずかだ」と言っています。この「〜」部分にどの副詞を入れれば文意が通るのか考えます。

(A) very「とても、非常に」を入れれば、形容詞 few「(否定的な意味で) ほとんどない」を強調することができます。very few で「ほとんどない、ごくわずかしかない」の意味です。(C) highly や (D) much は few の強調には使えないため、不正解です。

> **訳** 従業員にとっての危険度が高いため、その地域に社員を派遣しようと考える企業はほとんどありません。

(B) (farの比較級) それ以上、さらに　(C) 大いに　(D) 非常に

**答 え** (A) expenditures

(6・1章第 13問)

選択肢には名詞が並んでいます。

The government made an announcement that household ( ) had risen for three consecutive quarters「政府は家庭の〜が3四半期連続して上昇していると発表した」の「〜」部分にどの名詞を入れれば全体の文意が通るかを考えます。

(A) expenditures「支出」であれば、文意が通ります。expenditure はビジネス関連のレポートなどで頻繁に使われる単語です。会計レポートでは「経費、費用」の意味で多用されます。

> **訳** 政府は、家計支出が3四半期連続で伸びたと発表しました。

(B) 謝礼、手数料　(C) 報酬、補償　(D) 通貨、貨幣

# 第249問

できたら…○
できなかったら…×

次の選択肢の中から正しいものを選びなさい。

The restaurant review contained some criticism, but the staff agreed with many points and considered it ( ) written.

(A) formally　　(B) apparently

(C) voluntarily　　(D) thoughtfully

**単語の意味**

review[rɪvjúː]…批評記事、論評　contain[kəntéɪn]…～を含む
criticism[krítəsizm]…批判、批評　agree with ～…～に同意する

# 第250問

できたら…○
できなかったら…×

次の選択肢の中から正しいものを選びなさい。

Students found the study abroad program to be a ( ) experience in terms of learning and making friendships with people from overseas.

(A) costly　　(B) possible

(C) worthwhile　　(D) cautious

**単語の意味**

study abroad program…留学プログラム　in terms of ～…～の点から見て、～
に関して　friendship[fréndʃip]…友情　overseas[òuvərsíːz]…海外、外国

答え (D) thoughtfully

（難問・5 章第 19 問）

選択肢には副詞が並んでいます。the staff agreed with many points and considered it (　　) written「スタッフは多くの点に同感し、それ（＝レビュー）は～書かれたものだと感じた」の「～」部分にどの副詞を入れれば全体の文意が通るかを考えます。

(D) thoughtfully「思慮深く」であれば「よく考えて書かれたものだと感じた」となり、意味がつながります。

thoughtfully は少し難しい単語ですが、名詞 thought「考え」からその意味を推測することができます。

訳 そのレストランのレビューにはいくつかの批判も含まれていましたが、スタッフは多くの点に同意し、記事はよく考えて書かれたものだと感じました。

(A)以前に、公式に　(B)見たところでは、どうも～らしい　(C)自発的に、任意に

答え (C) worthwhile

（炎2・第 135 問）

選択肢には形容詞が並んでいます。Students found the study abroad program to be a (　　) experience「学生たちは、留学プログラムは～体験だとわかった」の「～」部分にどの形容詞を入れれば全体の文意が通るかを考えます。

空欄には experience「経験、体験」を修飾する形容詞を入れればいいわけですが、(B) possible と (D) cautious は文意が通りませんし、(A) costly は in terms of learning and making friendships with people from overseas「学習面や海外からの人々と友情を築くという点で」とは相いれません。(C) worthwhile「価値のある」であれば、文意が通ります。

訳 学生たちは、学習面や海外からの人々と友情を築くという点で、留学プログラムは貴重な体験だと感じました。

(A)高価な、値段の高い　(B)可能性がある、起こり得る　(D)用心深い、慎重な

# 第251問

次の選択肢の中から正しいものを選びなさい。

The corporate (　　) of Remington, Inc., has been used as a model by many other firms in the information technology industry.

(A) structure　　(B) employment

(C) affairs　　(D) institution

### 単語の意味

corporate[kɔ́ːrpərət]…会社の、企業の　firm[fɑ́ːrm]…会社、企業
Information Technology…情報技術　industry[índəstri]…産業、業界

# 第252問

次の選択肢の中から正しいものを選びなさい。

The photocopier on the third floor is (　　) toner, so staff were informed to use the one on the second floor until the office supplies order arrives.

(A) subject to　　(B) based on

(C) out of　　(D) more than

### 単語の意味

photocopier[fóutoukà:piər]…コピー機　inform[infɔ́ːrm]…〜に知らせる、通知する
office supplies…事務用品　order[ɔ́ːrdər]…注文、注文品

**答え** (A) structure

選択肢には名詞が並んでいます。The corporate (　　) of Remington, Inc., has been used as a model「レミントン社の企業〜はモデルとして使われてきた」の「〜」部分にどの名詞を入れれば全体の文意が通るかを考えます。

空欄前の corporate とつながる語彙を選びます。corporate (　　) が多くの他の会社のモデルとなるわけですから、(A) structure「構造、仕組み」であれば文意が通ります。**corporate structure** で「企業構造、会社組織」の意味です。structure を「(建物の) 構造」の意味でしか知らない人は正解できません。「(建物の) 構造」という意味でも出題されていますが、corporate structure という表現で structure を問う問題としても出題されています。

**訳** レミントン社の企業構造は、IT業界の他の多くの会社のモデルとなっています。

(B)雇用、仕事　(C)(複数形で)業務　(D)施設、制度

**答え** (C) out of

選択肢にはさまざまなイディオムが並んでいます。The photocopier on the third floor is (　　) toner「3階のコピー機はトナーが〜いる」の「〜」部分にどの表現を入れれば全体の文意が通るかを考えます。

「トナーがない」とか「トナーが切れている」という意味になるのではと推測できます。(C) out of「〜がなくなって、〜が切れて」であれば、文意が通ります。be out of 〜 と be 動詞と一緒に使われることが多いです。out of time「時間がなくなって」、out of control「制御できなくなって」、out of money「お金がなくなって」のようにさまざまな場面で使われます。

**訳** 3階のコピー機はトナーが切れているので、従業員は事務用品の注文が届くまで2階のものを使用するようにと言われました。

(A)(be subject toの形で)〜を条件としている　(B)(be based onの形で)〜に基づいている　(D)〜より多い

# 第253問

次の選択肢の中から正しいものを選びなさい。

Our technicians can correct almost any (　　) in a leather handbag, including stitching, scratches, zippers, and straps.

(A) production　　(B) risk

(C) fabrication　　(D) flaw

### 単語の意味

**correct**[kərékt]…～を直す、訂正する　**almost**[ɔ́ːlmoust]…ほとんど、大体
**including**[ɪnklúːdɪŋ]…～を含めて　**stitching**[stítʃɪŋ]…縫い目
**scratch**[skrǽtʃ]…引っかき傷　**zipper**[zípər]…ファスナー、ジッパー、チャック
**strap**[strǽp]…ひも、ストラップ

# 第254問

次の選択肢の中から正しいものを選びなさい。

The automated inventory control system is designed to (　　) stock as soon as merchandise decreases to a certain level.

(A) compensate　　(B) replenish

(C) release　　(D) expand

### 単語の意味

**automated**[ɔ́ːtəmèɪtɪd]…自動の、オートメーション化された
**inventory**[ínvəntɔ̀ːri]…在庫（品）　**design**[dɪzáɪn]…～を設計する
**stock**[stάːk]…在庫（品）　**as soon as** ～…～するとすぐに、～するやいなや
**merchandise**[mə́ːrtʃəndàɪz]…商品、製品　**decrease**[dìːkríːs]…減る、減少する

► 第 253 問

**答え** (D) flaw

(炎2・第52問)

選択肢には名詞が並んでいます。Our technicians can correct almost any ( )「当社の技術者は、ほぼあらゆる〜を直すことができる」の「〜」部分にどの名詞を入れれば全体の文意が通るかを考えます。

(D) flaw「不具合、欠陥、不備」であれば「不具合を直す」となり、文意が通ります。

flaw は TOEIC 重要単語である defect と似た意味で、特にメーカーでよく使われます。パート7の読解問題などにも出てくる単語です。

> **訳** 当社の技術者は、縫製、キズ、ファスナー、ひもなどを含む革製ハンドバッグのほぼあらゆる不具合を直すことができます。

(A)生産(物) (B)危険 (C)製作

---

► 第 254 問

**答え** (B) replenish

(炎2・第140問)

選択肢には動詞が並んでいます。The automated inventory control system is designed to ( ) stock「自動在庫管理システムは在庫を〜ように設計されています」の「〜」部分にどの動詞を入れれば全体の文意が通るかを考えます。

在庫管理の話なので、商品の補充だろうと推測できます。したがって、(B) replenish「〜を補充する、補給する」が正解です。少し難しい単語ですが、replenish は、他のパートでも薬の補充の話などでも使われています。

> **訳** 自動在庫管理システムは、製品が一定のレベルにまで減少するとすぐに在庫を補充するように設計されています。

(A)賠償をする、報酬を支払う (C)〜を発表する、発売する (D)〜を拡大する、広げる

# 第255問

次の選択肢の中から正しいものを選びなさい。

In order to (    ) worker's productivity, we hired an independent group of business consultants to conduct assessments.

(A) adopt          (B) address

(C) reduce         (D) gauge

### 単語の意味

in order to ～…～するために　productivity[pròudʌktívəti]…生産性
independent[ìndɪpéndənt]…独立した、依存しない
conduct an assessment…評価を行う

---

# 第256問

次の選択肢の中から正しいものを選びなさい。

(    ) the announcement of Don Martin's retirement, a committee was established so that it could find a suitable candidate for the position.

(A) According to   (B) Subsequent to

(C) Along with     (D) Compared with

### 単語の意味

retirement[rɪtáɪərmənt]…退職、退役　committee[kəmíti]…委員会
establish[ɪstǽblɪʃ]…～を設立する、創設する　so that ～ can ...…～が…できるように
suitable[súːtəbl]…適切な、ふさわしい　candidate[kǽndədèɪt]…候補者、志願者

**答え** (D) gauge

(6・3章第17問)

選択肢には動詞が並んでいます。In order to (　　) worker's productivity「社員の生産性を〜するため」の「〜」部分にどの動詞を入れれば全体の文意が通るかを考えます。

**(D) gauge「〜を測る、評価する」**を入れて、「社員の生産性を測定するために」とすればいいとわかります。少し難しい単語ですが、過去に出題されています。

名詞も同じく gauge で「計器、(評価などの) 基準」という意味があります。

**訳** 社員の生産性を測定するため、当社では、査定を実施してもらうために第三者機関であるビジネスコンサルタントグループを雇いました。

(A) (意見、方針など)を採用する　(B) (問題など)に取り組む、対処する　(C) 〜を減少させる、縮小する

**答え** (B) Subsequent to

(6・2章第17問)

選択肢には前置詞 to や with を含む表現が並んでいます。

(　　) the announcement of Don Martin's retirement, a committee was established「ドン・マーティン氏の引退発表〜委員会が設置された」の「〜」部分にどの表現を入れれば全体の文意が通るかを考えます。

**(B) subsequent to「〜の後で」**であれば、文意が通ります。**前置詞 after と同じ意味**ですが、subsequent to のほうがフォーマルです。

形容詞 subsequent「次の、後の」は subsequent years「その後の数年」などの形で使われます。

**訳** ドン・マーティン氏の引退発表後、適任の候補者探しを目的とした委員会が設置されました。

(A) 〜によると　(C) 〜と一緒に、〜に加えて　(D) 〜と比べて

# 第257問

次の選択肢の中から正しいものを選びなさい。

Volunteers who agreed to go to the developing country in Africa were cautioned that they must adhere (　　　) the regulations set forth by its government.

(A) with
(B) to
(C) by
(D) for

単語の意味

**volunteer**[vὰ:ləntíər]…志願者、ボランティア
**developing country**…開発途上国　**caution**[kɔ́:ʃən]…〜を注意する、警告する
**regulations**[règjəléiʃənz]…規則、規定　**set forth**…明記する、説明する

# 第258問

次の選択肢の中から正しいものを選びなさい。

All male employees are allowed to come to work without ties but salespersons, unless (　　　) specified, must wear ties when visiting customers.

(A) else
(B) otherwise
(C) furthermore
(D) somehow

単語の意味

**be allowed to 〜**…〜することを許される　**tie**[tάɪ]…ネクタイ
**customer**[kʌ́stəmər]…顧客、取引先

▶ 第 **257** 問

## 答え (B) to
(5・1章第20問)

選択肢は全て前置詞です。were cautioned that と、警告される内容が接続詞 that 以下に続いています。that 節内の主語はthey（= volunteers）で、動詞は adhere「従う」です。空欄後には目的語の the regulations set forth by its government「その国の政府が定めた規則」が続いています。

adhere に続く前置詞として、(B) to が正解です。adhere to ～は「～に従う、～を固守する」という意味でよく使われます。この英文では人が主語ですが、規則やルールが主語になるとbe adhered to と受動態になります。

> **訳** アフリカにあるその開発途上国へ行くことに同意したボランティアたちは、その国の政府が定めた規則を忠実に守る義務があるとする警告を受けました。

(A)～と一緒に　(C)～によって　(D)～のために

▶ 第 **258** 問

## 答え (B) otherwise
(4・1章第22問)

選択肢には副詞が並んでいます。ビジネス英語で使われる慣用表現が問われている問題です。日ごろからビジネス文書を読み慣れている人であれば、unless (　　) specified の部分を見ただけで正解がわかります。正解となる (B) otherwise は「さもなければ、そうでなければ」という意味の副詞で、unless otherwisespecified で「他に特に規定がなければ」という意味になります。《unless otherwise ＋過去分詞》の形で「(別途) ～でない限り」の意味になることを知っておきましょう。unless otherwisenotified「別途通知がない限り」、unless otherwise indicated「別段の指示がない限り」のように用います。

> **訳** 全男性従業員はネクタイなしでの勤務が許可されますが、営業担当者は、他に特に規定がなければ、顧客を訪問する際にはネクタイを着用しなければなりません。

(A)別に、その他に　(C)さらに　(D)どうにかして

# 第259問

次の選択肢の中から正しいものを選びなさい。

An Increase of stock prices, growing production, rising exports and (     ) other indications suggest that the economy is recovering.

- (A) scarce
- (B) overwhelming
- (C) frequent
- (D) numerous

**単語の意味**

stock price…株価　production[prədʌkʃən]…生産、生産量
indication[ìndəkéɪʃən]…兆候、しるし　suggest[səgdʒést]…～を示唆する、暗示する
recover[rɪkʌ́vər]…回復する

# 第260問

次の選択肢の中から正しいものを選びなさい。

Although the company was optimistic about the new product, sales results at the end of the year were off by a wide (     ).

- (A) limit
- (B) margin
- (C) boundary
- (D) surpass

**単語の意味**

optimistic[àːptəmístɪk]…楽観的な、楽天的な　at the end of ～…～の終わりに

**答え** (D) numerous

(3・4章第9問)

選択肢には形容詞が並んでいます。経済が回復していることを示すものとして、An increase of stock prices, growing production, rising exports and (　　) other indications「株価上昇、生産高増加、輸出高増加、〜な他の兆候」が列挙されています。

(D) numerous「**多数の**」であれば、文意が通ります。問題文でも indications と複数形になっているように、numerous は後ろに名詞の複数形を取ります。

類似表現として、lots [plenty] of 〜「たくさんの〜」があります。

**訳** 株価上昇、生産高増加、輸出高増加、そして他の多くの兆候が、景気が回復しつつあることを示唆しています。

(A)乏しい、まれな　(B)圧倒的な　(C)たびたび起こる

**答え** (B) margin

(4・2章第2問)

選択肢には名詞と動詞が並んでいます。sales results at the end of the year were off by a wide (　　)「年末における販売結果は〜な期待はずれだった」の「〜」部分にどの単語を入れれば全体の文意が通るかを考えます。

by a wide 〜部分は「大幅に」のような意味になるのではないかと推測できます。(B) margin「**差**」を入れると by a wide margin で「**大差で**」という意味になり、文意が通ります。ここでの前置詞 by は「**差異**」を表します。

なお、by a wide margin「大差で」と対になるのは、by a narrow margin「僅差で」です。

**訳** その会社は新製品について楽観的な見方をしていましたが、年末における販売結果は大幅な期待はずれでした。

(A)【名】限度、制限　(C)【名】境界　(D)【動】〜をしのぐ

# 第261問

次の選択肢の中から正しいものを選びなさい。

Because the defendant was very famous and there were many moral issues, the court decided to try the case with an (    ) speed.

(A) unprecedented    (B) unimpressed

(C) immovable    (D) impenetrable

### 単語の意味

**defendant**[dɪféndənt]…被告　**moral**[mɔ́ːrəl]…道徳の、倫理上の
**issue**[íʃuː]…問題　**court**[kɔ́ːrt]…裁判所　**case**[kéɪs]…事例

# 第262問

次の選択肢の中から正しいものを選びなさい。

Employees who travel abroad are reminded that they should not (    ) receipts for business expenses of 50 dollars or more.

(A) alter    (B) extend

(C) obtain    (D) discard

### 単語の意味

**employee**[emplɔ́ɪiː]…従業員、被雇用者
**remind**[rɪmáɪnd]…～に思い起こさせる、念を押す

答え　(A) unprecedented

選択肢には形容詞が並んでいます。the court decided to try the case with an (　　) speed「裁判所は〜スピードでその事件を裁判にかけることに決めた」の「〜」部分にどの単語を入れれば全体の文意が通るかを考えます。選択肢のうち、名詞 speed を修飾できるのは **(A) unprecedented「先例のない、未曽有の」**だけです。否定の接頭辞 un- が precedented「前例のある」についています。

(B) unimpressed と (C) immovable と (D) impenetrable は speed の説明にはなりません。

訳　被告が大変有名で、かつ、多くのモラル上の問題があったので、裁判所は先例のないスピードでその事件を裁判にかけることに決めました。

(B)感動しない　(C)不動の　(D)通り抜けられない

答え　(D) discard

選択肢には動詞が並んでいます。they should not (　　) receipts for business expenses of 50 dollars or more「彼らは 50 ドル以上の経費の領収書を〜すべきではない」という箇所の「〜」部分にどの動詞を入れれば全体の文意が通るかを考えます。

海外出張をする社員が領収書に関して念を押されるのは、「領収書をなくさないように」ということだと推測できます。したがって、「〜」部分に入れて文意が通るのは **(D) discard「〜を捨てる、処分する」**だとわかります。

名詞も同じ形で「処分、放棄」の意味で使います。get rid of [throw away] 〜にも「〜を捨てる」の意味があります。

訳　海外出張する社員は、50 ドル以上の経費の領収書を捨てないように念を押されました。

(A)〜を変更する　(B)〜を延ばす、延長する　(C)〜を手に入れる、入手する

# 第263問

できたら…○
できなかったら…×

次の選択肢の中から正しいものを選びなさい。

The broadcaster prohibits the use of clothing (　　) text or logos that may be inappropriate to viewers.

(A) designing  (B) copying

(C) printing  (D) bearing

#### 単語の意味

**broadcaster**[brɔ́ːdkæstər]…テレビ局、放送局　**prohibit**[prouhíbət]…～を禁止する
**text**[tékst]…文字、文章、本文　**inappropriate**[inəpróupriət]…不適切な、妥当でない
**viewer**[vjúːər]…視聴者

# 第264問

できたら…○
できなかったら…×

次の選択肢の中から正しいものを選びなさい。

The new employee did not know how to (　　) a conference call for the following week, so he consulted an experienced senior worker.

(A) keep up  (B) set up

(C) use up  (D) make up

#### 単語の意味

**new employee**…新入社員　**following week**…翌週
**consult**[kənsʌ́lt]…～に相談する　**senior worker**…職場の先輩、上級職の社員

**答え** (D) bearing

（パート 5・第 74 問）

空欄前に名詞 clothing が置かれ、空欄後には text or logos と続いているので、空欄には名詞 clothing を後ろから修飾する現在分詞が入るのではと推測できます。選択肢には、さまざまな**現在分詞が並んでいます。分詞は動詞の派生語なので、動詞の意味を考えて正解を選びます**。

The broadcaster prohibits the use of clothing (　　) text or logos「テレビ局では文字やロゴが〜洋服の着用を禁止している」の「〜」部分に入れて文意が通るのは (D) bearing です。bear は「**〜を持つ、有する**」という意味です。問題文では「文字やロゴが付いている洋服の着用」という意味合いで使われています。

訳　テレビ局では視聴者に不適切な可能性のある文字やロゴが付いている洋服の着用を禁止しています。

(A)〜を設計[デザイン]する　(B)〜を複製する　(C)〜を印刷する　の現在分詞

**答え** (B) set up

（3・2章第 24 問）

選択肢には up を使った句動詞が並んでいます。The new employee did not know how to (　　) a conference call for the following week「その新入社員は、翌週の電話会議をどのように〜すればいいのか知らなかった」の「〜」部分にどの句動詞を入れれば全体の文意が通るかを考えます。

(B) set up「**〜の準備をする**」を入れれば、文意が通ります。set up は他に「**〜を組み立てる、設立する、設置する**」の意味でも使われ、これらの使い方も出題されます。

訳　その新入社員は、翌週に予定されている電話会議の設定方法を知らなかったため、経験ある先輩社員に相談しました。

(A)〜を維持[保持]する　(C)〜を使い尽くす　(D)〜を作り上げる、構成する

# 第265問

できたら…○
できなかったら…×

次の選択肢の中から正しいものを選びなさい。

The travel guide suggested that travelers pack (　　) that is appropriate for a casual dinner and a semi-formal occasion.

(A) fabric (B) attire

(C) equipment (D) exposure

### 単語の意味

**suggest**[səgdʒést]…~を提案する、示唆する **pack**[pǽk]…~を荷物に詰める、梱包する **(be) appropriate for ~**…~にふさわしい **occasion**[əkéɪʒən]…行事、場面

# 第266問

できたら…○
できなかったら…×

次の選択肢の中から正しいものを選びなさい。

The section chief asked his assistant to give him a report about the work (　　) progress regarding the important new research projects.

(A) in (B) to

(C) at (D) for

### 単語の意味

**section chief**…課長 **progress**[prάːgres]…進歩、前進、経過
**regarding**[rɪgάːrdɪŋ]…~に関して

**答え** (B) attire

(難問・4 章第 13 問)

選択肢には名詞が並んでいます。The travel guide suggested that travelers pack (　　)「その旅行ガイドは旅行者に〜を荷物に入れるよう提案をした」という箇所の「〜」部分にどの名詞を入れれば全体の文意が通るかを考えます。

空欄に入る語が、続く関係代名詞 that 以降で説明されています。その部分を読むと服装に関する話だとわかります。したがって、(B) attire「(特別な) 服装、衣装」が正解です。attire は招待状などでよく使われるフォーマルな単語です。clothing「(集合的に) 衣類、衣料品」、clothes「衣類」、garments「衣類、着物」、outfit「(ひとそろいの) 洋服」も覚えておきましょう。

**訳** その旅行ガイドは旅行者に、カジュアルな食事やセミフォーマルな場に適した洋服を荷物に詰めるよう提案しました。

(A)織物、繊維　(C)機器、備品　(D)さらすこと、露出

**答え** (A) in

(2・5 章第 16 問)

選択肢には前置詞が並んでいます。空欄に (A) in を入れて work in progress「進行中の作業」にすれば、意味が通ります。ここでの work は「作業」や「仕事」という意味の名詞です。in progress「進行中の」はよく使われる表現なので、普段から英文を読み慣れている人にとっては簡単な問題です。

The board meeting is now in progress.「理事会が現在進行中です」のように、be in progress の形で用いることもあります。

**訳** 課長はアシスタントに、その重要な新研究プロジェクトの進捗状況に関して報告書を提出するよう頼みました。

(B)〜へ　(C)〜で　(D)〜のために

# 第267問

次の選択肢の中から正しいものを選びなさい。

The stock price (　　) after the president announced a stock split, but declined after the collapse of the stock market.

(A) completed　　(B) targeted

(C) peaked　　(D) achieved

**単語の意味**

stock price…株価　stock split…株式分割　decline[dikláin]…下落する、減退する　collapse[kəlǽps]…崩壊、下落　stock market…株式市場

# 第268問

次の選択肢の中から正しいものを選びなさい。

The president asked the experienced ambassador to be a (　　) to the international conference on global warming to be held in Singapore.

(A) correspondent　　(B) nominee

(C) resident　　(D) delegate

**単語の意味**

experienced[ikspíəriənst]…経験豊かな　ambassador[æmbǽsədər]…大使、使節
global warming…地球温暖化

**答え** (C) peaked

選択肢には動詞が並んでいます。この問題は空欄より前を読めば解答できます。stock price「株価」が主語なので、空欄に入る動詞は、株価が上がったのか、下がったのかにちなんだ語彙ではないかと想像できます。

選択肢の中で当てはまるのは、(C) peaked しかありません。peak は自動詞で「頂点に達する」という意味があります。「株価が最高値をつけた」という場合にも peak が使え、stock price peaked となります。ビジネス関連のレポートなどにもよく出てきます。peak には形容詞「頂点の」の意味もあり、in peak seasons「繁忙期」のように用います。

**訳** 株価は社長が株式分割を発表した後には最高値をつけましたが、その後、株式市場全体が落ち込んだために、下落しました。

(A)〜を完成させる、仕上げる (B)〜を対象とする (D)〜を達成する、成し遂げる の過去形

**答え** (D) delegate

選択肢には名詞が並んでいます。The president asked the experienced ambassador to be a ( ) to the international conference「大統領が経験豊富な大使に国際会議の〜になるように頼んだ」の「〜」の部分にどの名詞を入れれば全体の文意が通るかを考えます。

(D) delegate「代表者」であれば、文意が通ります。英字新聞を読んでいると、経済欄だけでなく政治欄にも出てくる単語です。動詞も同じく delegate で「〜を代表に立てる」という意味になります。

**訳** 大統領はその経験豊富な大使に、シンガポールで開催される予定の地球温暖化に関する国際会議に、代表として出席するよう依頼しました。

(A)通信員 (B)被推薦人、指名された人 (C)居住者

# 第269問

できたら…○
できなかったら…×

次の選択肢の中から正しいものを選びなさい。

The Japanese automobile company is doing research on effective (　　) to solve the serious defects of the new hybrid car's brakes.

(A) restraints　　(B) complaints

(C) remedies　　(D) stimulants

**単語の意味**

do research…研究する　**effective**[ɪféktɪv]…効果的な、効率的な
**defect**[díːfekt]…欠陥、不備

---

# 第270問

できたら…○
できなかったら…×

次の選択肢の中から正しいものを選びなさい。

Because General Logistics distribution centers are (　　) distributed around the country, it cannot offer expedited deliveries.

(A) sparsely　　(B) barely

(C) continuously　　(D) preferably

**単語の意味**

**distribution center**…配送センター　**distribute**[dɪstríbjuːt]…～を配置する
**offer**[ɔ́ːfər]…～を提供する、与える　**expedite**[ékspədàɪt]…～を早める
**delivery**[dɪlívəri]…配達、配送

**答え** (C) remedies　　　　　　　　　　　　(3・1章第27問)

選択肢には名詞が並んでいます。research on effective (　　)
to solve the serious defects「重大な不具合を解決するための効
果的な〜に関する研究」の「〜」部分にどの名詞を入れれば全
体の文意が通るかを考えます。
(C) remedies「解決策、改善策」であれば、文意が通ります。
remedy を「治療薬」という意味でしか知らない人もいます
が、ビジネスでは「解決策、改善策」という意味で使われるこ
とが多いです。

**訳** その日本の自動車会社は、新型ハイブリッドカーのブレーキに発生し
た重大な不具合を解決するための、効果的な改善策について研究を
行っています。

(A)抑制　(B)不平　(D)刺激させるもの　の複数形

**答え** (A) sparsely　　　　　　　　　　　　(緑・4章第11問)

選択肢には副詞が並んでいます。General Logistics distribution
centers are (　　) distributed around the country「ジェネラ
ル・ロジスティックス社の配送センターは全国に〜配置されて
いる」の「〜」部分にどの副詞を入れれば全体の文意が通るか
を考えます。
この問題が難しいのは、空欄前後の are distributed の意味がわ
からなければ解けない点です。distribute には「〜を配置する」
の意味があります。「〜を配布［分配］する」の意味でしか知
らない人が多いため、この種の問題は正答率が下がります。
空欄前後の意味が理解できれば、(A) sparsely「まばらに、ち
らほらと」を選ぶことができます。

**訳** ジェネラル・ロジスティックス社の配送センターは全国にまばらに配
置されているので、急ぎの配達はできません。

(B)かろうじて、どうにか　(C)絶え間なく、連続して　(D)できれば、なるべく

# 第271問

次の選択肢の中から正しいものを選びなさい。

Dorothy Wes, senior vice president of MIU Textiles, ( ) left in the middle of the meeting in order to attend to a personal matter.

(A) scarcely

(B) precisely

(C) discreetly

(D) currently

### 単語の意味

textile[tékstàɪl]…織物、布地　in the middle of ～…～の途中で、真っ最中に
in order to～…～するために　matter[mǽtər]…問題

# 第272問

次の選択肢の中から正しいものを選びなさい。

Each of the newly designed security cards is ( ) with a photo of the employee so that staff can be more easily identified.

(A) included

(B) embedded

(C) modified

(D) limited

### 単語の意味

newly[n(j)úːli]…新たに　employee[emplɔ́ːiː]…従業員、会社員
so that ～ can ……～が…できるように　identify[aɪdéntəfàɪ]…～を確認する、識別する

答え (C) discreetly (7・4章第24問)

選択肢には副詞が並んでいます。Dorothy Wes（中略）(　　)
left in the middle of the meeting「ドロシー・ウェスは〜会議
を中座した」の「〜」部分にどの副詞を入れれば全体の文意が
通るかを考えます。

会議の途中で席を立つので「目立たないように」というニュア
ンスの単語を入れればいいとわかります。(C) discreetly「控
えめに」を入れれば、正しい文意が通ります。

discreetly は難しい単語です。900点以上の人でも知らない人
は少なくないはずです。たまにではありますが、このような単
語も出題されます。

訳 MIU テキスタイル社の上級副社長であるドロシー・ウェスは、個人的
な用事を処理するために、目立たないように会議を中座しました。

(A)ほとんど〜ない、やっと　(B)正確に、きちんと　(D)現在は、目下

答え (B) embedded (炎・2第83問)

選択肢には動詞が並んでいます。文頭から so that の前までで
Each of the newly designed security cards is (　　) with a
photo of the employee「新しくデザインされたセキュリティー
カードのそれぞれには社員の写真が〜」とあり、so that 以降
で「従業員をより簡単に識別できるように」と言っています。
セキュリティーカードですから、写真が付いているのだろうと
推測できます。選択肢の中で空欄に入れて文意が通るのは、
embed「〜を埋め込む」の過去分詞である (B) embedded し
かありません。be embedded with 〜で「〜が埋め込まれてい
る、組み込まれている」という意味になります。

訳 従業員をより簡単に識別できるよう、新しくデザインされたセキュリ
ティーカードにはそれぞれ社員の写真が付いています。

(A)〜を(…の中に)含める　(C)〜を変更する　(D)〜を制限する　の過去分詞

# 第273問

次の選択肢の中から正しいものを選びなさい。

The recent appreciation of the yen has (　) Japan's trade balance as exports account for nearly 50% of its revenue.

(A) revised (B) approved

(C) aggravated (D) replenished

### 単語の意味

recent[ríːsnt]…最近の、近ごろの　appreciation of the yen…円高
trade balance…貿易収支　export[ékspɔːrt]…輸出(高)
account for 〜…〜の割合を占めている　revenue[révən(j)ùː]…総収入、歳入

# 第274問

次の選択肢の中から正しいものを選びなさい。

The specialists reviewed plans for the new assembly line (　) in order to give management an estimate of the plant's potential output capability.

(A) obviously (B) exceptionally

(C) meticulously (D) significantly

### 単語の意味

specialist[spéʃəlɪst]…専門家　review[rɪvjúː]…〜を見直す、概観する
assembly line…組み立て(生産)ライン　estimate[éstəmət]…見積もり、概算
output[áʊtpʊt]…生産(高)、産出(量)　capability[kèɪpəbíləti]…能力、可能性

答え (C) aggravated　　　　　　（レッスン・3章第22問）

選択肢には動詞が並んでいます。The recent appreciation of the yen has (　　) Japan's trade balance「最近の円高は、日本の貿易収支を〜した」の「〜」部分にどの動詞を入れれば全体の文意が通るかを考えます。空欄前に has があるため、現在完了〈have [has] ＋過去分詞〉の形になります。

輸出が50パーセントを占める日本で円高になると、輸出が減り貿易収支は悪化するはずなので、aggravate「〜を悪化させる」の過去分詞である (C) aggravated を入れれば文意が通ります。aggravate は少し難しい単語ですが、企業のレポートや経済関連の記事などではよく使われます。

訳 最近の円高は、輸出高が収入の50パーセント近くを占める日本の貿易収支を悪化させました。

(A)〜を改定する　(B)〜を承認する　(D)〜を補充する　の過去分詞

答え (C) meticulously　　　　　　（7・3章第24問）

選択肢には副詞が並んでいます。The specialists reviewed plans for the new assembly line (　　)「工場設計の専門家は新しい生産ラインの設置計画を〜精査した」の「〜」部分にどの副詞を入れれば全体の文意が通るか考えます。

(C) meticulously「入念に、非常に注意深く」であれば「入念に精査した」となり、文意が通ります。

meticulously は900点以上の人にとっても、難しい単語です。これを機に覚えておきましょう。

訳 工場設計の専門家は、その工場の潜在的な生産能力の見積を経営陣に示すため、新しい生産ラインの設置計画を細部にわたって精査しました。

(A)明らかに、目に見えて　(B)非常に、例外的に　(D)大幅に、著しく

# 第275問

次の選択肢の中から正しいものを選びなさい。

Camping equipment made by Rocky Mountain, Inc., offers (　　) covers that can be added or removed depending on temperatures and terrain.

(A) versatile  (B) capable

(C) instructive  (D) allowable

**単語の意味**

offer[ɔ́:fər]…～を提供する　add[ǽd]…～を加える
remove[rɪmúːv]…～を取り外す、取り除く　depending on…～により、～次第で
temperature[témpərtʃər]…気温　terrain[təréɪn]…地形

# 第276問

次の選択肢の中から正しいものを選びなさい。

The pharmaceutical company (　　) its competitor's claim that the medicine had been copied by making its patent rights available to the public.

(A) declared  (B) corresponded

(C) refuted  (D) confirmed

**単語の意味**

pharmaceutical company…製薬会社　competitor[kəmpétətər]…競争相手、
競合他社　claim[kléɪm]…主張、要求、請求　copy[káːpi]…～をまねる、複製する
patent right…特許権

答え (A) versatile

(パート5・第110問)

選択肢には形容詞が並んでいます。Camping equipment made by Rocky Mountain, Inc., offers ( ) covers「ロッキーマウンテン社の製造するキャンプ用品には〜カバーが付いている」の「〜」部分にどの形容詞を入れれば全体の文意が通るかを考えます。

(A) versatile「**多目的な、用途が広い、万能の**」であれば、文意が通ります。類義語としては、all-round「万能の、用途の広い」があります。

**訳** ロッキーマウンテン社の製造するキャンプ用品には、気温や地形によって取り外し可能な多目的カバーが付いています。

(B)(人などが)有能な (C)ためになる、教育的な (D)(規則上)許される

答え (C) refuted

(5・5章第14問)

選択肢には動詞が並んでいます。The pharmaceutical company ( ) its competitor's claim「その製薬会社は、競合会社の主張に〜した」の「〜」部分にどの動詞を入れれば全体の文意が通るかを考えます。

refute「〜に反論する」の**過去形**である (C) refuted を入れれば、文意が通ります。refute は少し難しめのフォーマルな動詞ですが、時々ビジネス関連のレポートで使われます。

**訳** その製薬会社は、その医薬品が複製されたものだとする競合会社の主張に対し、特許権を公表するという形で反論しました。

(A)〜を宣言する (B)一致する、対応する (D)〜を確かめる の過去形

# 第277問

次の選択肢の中から正しいものを選びなさい。

Letters have been mailed out to museum membership holders asking for (　　) to the upcoming renovation project.

(A) contributions　(B) finances

(C) remedies　(D) exceptions

### 単語の意味

mail out ~…~を一斉に送る　museum[mju(:)zí:əm]…美術館、博物館
ask for ~…~を求める、要求する　upcoming[ʌ́pkʌ̀mɪŋ]…来たる、近づきつつある
renovation[rènəvéɪʃən]…改修、修繕

# 第278問

次の選択肢の中から正しいものを選びなさい。

The Sunset Resort is renowned for its outstanding service and buffets that are (　　) supplied and well decorated.

(A) competitively　(B) individually

(C) gradually　(D) amply

### 単語の意味

renowned[rɪnáʊnd]…名高い、名声のある
outstanding[àʊtstǽndɪŋ]…優れた、突出した　supply[səpláɪ]…~を提供する、供給する

**答え** (A) contributions

選択肢には名詞が並んでいます。Letters have been mailed out to museum membership holders asking for (    ) to the upcoming renovation project.「来たる改修計画への〜を求める手紙が美術館の会員宛てに一斉に郵送された」の「〜」部分にどの名詞を入れれば全体の文意が通るのかを考えます。

(A) contributions「寄付」であれば、文意が通ります。アメリカの社会は寄付で成り立っているので、寄付に関する話は TOEIC でも頻繁に出題されます。

contribution は他に「貢献、寄与、寄稿」の意味でも使われます。

**訳** 来たる改修計画への寄付を求める手紙が美術館の会員宛てに一斉に郵送されました。

(B)財務、金融　(C)救済策、治療　(D)例外、除外　の複数形

**答え** (D) amply

選択肢には副詞が並んでいます。buffets that are (    ) supplied and well decorated「〜提供され、きれいに彩られたビュッフェ」の「〜」部分にどの副詞を入れれば全体の文意が通るかを考えます。

(D) amply「十分に、たっぷり」であれば、文意が通ります。副詞として、直後の過去分詞 supplied を修飾しています。

amply は難しい単語なので、知らない人が多いはずです。類義語として、fully「十分に」や generously「気前よく、たっぷりと」があります。

**訳** サンセットリゾートは素晴らしいサービスと、量が豊富できれいに彩られたビュッフェで有名です。

(A)競争的に、他に負けず　(B)個別に、ひとつひとつ　(C)徐々に、次第に

# 第279問

次の選択肢の中から正しいものを選びなさい。

Please note that renters who return cars with excessive amounts of dirt or sand inside the vehicle will (　　) their $100 security deposit.

(A) restore　　　(B) pursue

(C) forfeit　　　(D) expose

**単語の意味**

note[nóut]…～に注意する　renter[réntər]…借主、賃借人
excessive[ɪksésɪv]…過度の、度を越した　dirt[də́ːrt]…泥、ほこり
vehicle[víːəkl]…車、乗り物　security deposit…保証金、預かり金、手付金

# 第280問

次の選択肢の中から正しいものを選びなさい。

In order to meet the high demand for its products, the plant manager set machines at (　　　) the standard speed.

(A) almost　　　(B) twice

(C) completely　(D) well

**単語の意味**

in order to ～…～するために　meet demand for ～…～の需要を満たす
product[prάːdəkt]…製品、生産品　plant manager…工場長

**答え** (C) forfeit　　　　　　　　　　　　(レッスン・3章第23問)

選択肢には動詞が並んでいます。Please note that の接続詞 that 以降に renters「借主」が注意をする内容が書かれています。renters（中略）will (　　) their $100 security deposit「借主は、100 ドルの保証金を〜することになる」の「〜」部分にどの動詞を入れれば全体の文意が通るかを考えます。

(C) forfeit「〜を失う、没収される」を入れれば「100 ドルの保証金を失う」となり、文意が通ります。かなり難しい単語です。英字新聞などを読んでいたとしても頻繁に目にすることはないでしょう。契約書などの文書を仕事で読んでいる人は知っているかもしれません。このようなレベルの高い語彙も出題されます。

> **訳** 車内に過剰な量の泥や砂を残したまま車両を返却した借主は、保証金として払った 100 ドルが没収されますので、ご注意ください。

(A)〜を回復させる　(B)〜を追う、追い求める　(D)〜をさらす

---

**答え** (B) twice　　　　　　　　　　　　（パート 5・第58問）

選択肢には副詞が並んでいます。at (　　) the standard speed は空欄がなければ「標準的な速度で」という意味です。本来、副詞が〈前置詞＋名詞〉を修飾するときは、〈副詞＋前置詞＋（形容詞）＋名詞〉の語順になりますが、問題文では〈前置詞＋副詞＋形容詞＋名詞〉の語順になっています。この語順で置ける副詞には限りがあり、選択肢の中では (B) twice「2 倍（に）」だけです。

at twice the standard speed で「標準速度の 2 倍で」の意味になります。同様の使い方ができる副詞として、他に double、half があります。「倍数」は普通「数詞＋times」で表しますが、「2 倍（に）」は two times とはせず、twice を使います。

> **訳** 同社製品への高い需要を満たすべく、工場長は機械を標準速度の 2 倍に設定しました。

(A)ほとんど　(C)完全に　(D)上手に、十分に

# ＴＯＥＩＣ 教 室 の 今

　2006 年に八重洲で始めた TOEIC の教室「すみれ塾」。

　コロナ禍を機に教室の形態を大きく変えました。生受講クラスを 1 クラスにし、土曜夜と水曜夜にオンライン受講クラスを作りました。

　すみれ塾が長年一番力を入れているのは、3 時間半 9 回を 2 カ月で行っている「通常クラス」です。7 万 5000 円（税別）で提供しており、10 年以上値上げをしていません。

　私の運営する教室は、忙しいビジネスマンの参加が多いこともあり、短期間での大幅点数アップが可能な内容です（291、292 ページに教室生の「生の声」をご紹介しています）。

　しかし、その分ハードです。ですので、現在 400 点台の方向けには「準備クラス」を提供しています。

　メインの「通常クラス」に加え、新しく 2 つのコースを作りました。その一つが「900 点おすすめコース」です。現在教室参加者のおおよその内訳は、800 点台の方が 3 割、500 点〜 600 点の方が 3 割、その残りが 600 点〜 800 点の方です。

　最近、特に 800 点台からなかなか抜け出せないという方からのご相談が多いため、900 点を狙っている方向けにこのコースを作りました。メインの「通常クラス」に参加していただいて、教室生向けの補講の中から 4 種類を私が予め選び組み合わせたものです。

　もちろん、「通常クラス」にご参加のあとで、それぞれのセミナーを個別にとっていただくことも可能ですが、「900 点おすすめコース」では若干の値引きをし、10 万円（税別）で提供しています。

　新たに作った二つ目のコースは、Vimeo というシステムを使い文法が苦手な方向けに動画提供をする「TOEIC 基礎文法講座」というタイトルです。具体的には、5 文型、準動詞、関係詞などのように重要文法項目ごとに 6 つに分けて 30 分程度の動画をレンタル形

式で提供しています。解説は、「準備クラス」や「文法セミナー」や「構文読解＆速読セミナー」を担当してくださっている大手の予備校歴 20 年以上の山﨑先生です。

　TOEIC テストは文法が弱いと「読めない＝聞けない」につながります。パート６や７の英文を読めないだけでなく、大幅に点数 UP をはかれるリスニングセクションにも影響が出ます。
　「文法はある程度分かっているけど関係詞だけ苦手」というような方は、ひとつだけでもレンタルできます。項目ごとに１週間レンタルできて 3000 円です。全文法項目６つを一度にレンタルする場合は、１カ月レンタルできて１万 5000 円です。

　今までも教室生向けの補講セミナーとしてさまざまな単発セミナーを行ってきましたが、一般の方も参加できるセミナーを少しだけ増やしました。６年以上前までは一般の方向けの単発セミナーを数多く行っていましたが、諸事情により大幅に減らしてきたのですが若干増やしました。

　各コースの詳細についてホームページをご参照ください。
　　　　　　　　　　　　　（価格はすべて 2023 年３月現在です）
●ホームページ→ https://www.sumire-juku.co.jp/

**●他の人たちのやり方で自分の勉強を軌道修正できる**

**Kさん（36歳・IT関連企業）**

2021年12月に受験した時のスコアが815点（L445、R405）でした。その後、22年7月8月と中村先生のすみれ塾に通い、教室終了後約3カ月の11月に、待望の925点（L485、R440）が取れました。

外資系のため英語力は求められますが、その中でもプレゼンなどの発信力をつけたい、TOEICには区切りをつけて卒業したいと考え、自分の中でその基準を「900超え」としました。

しかし、自己流の学習では時間がかかると思い、中村先生の教室に通うことにしました。オンラインではなく対面の生授業を選びましたが、正解だったと思います。先生の講義をリアルに聴けるのでモチベーションの維持ができましたし、休憩時間に得点アップのtipsがいろいろ聴けました。

仕事が忙しいこともあって、当初はリスニングパートの勉強ばかりしていましたが、教室生の体験談を読んでみたら皆さんが『炎の千本ノック』シリーズを勉強しているので、私もやることにしました。具体的には、1冊目（赤いカバー）と2（白）、パート5徹底攻略（青）の3冊です。それと公式問題集と教室での配布プリント。これらを複数回勉強すると、短時間で高い正答率が出ます。全ての問題の再現性が高いのです。

本番では「リスニング満点」をつい意識してしまいますが、試験中は満点を意識すると焦るため、意識しないようにしました。また、以前は午前に受験していましたが、午後に変更し、午前中は自宅で公式問題集のリスニングを聞いて、ぎりぎりまで耳をならすようにしました。

その結果、900点超えができたのだと思います。

## ●オンライン授業でも 900 点突破できた理由

### Sさん（43 歳・教育関係）

　私は北海道在住のため、オンラインで受講しました。転職に高得点が必要だという確固たる目的があったので、オンライン受講でも十分にモチベーションを維持することができました。その結果、教室に通い出してすぐの 2022 年 11 月に 910 点（R425、L485）を取ることができました。

　Lで高得点を取れたことがポイントだと思いますが、これは中村先生の教室で「リスニングのコツ」を徹底的に教えていただいたおかげです。このコツを身につけるため、公式問題集の音声パート 1から 3を、iTunes に入れて毎日聞くようにしていました。問題文を抜かしたものも作って、iTunes のプレイリストに入れました。

　それでも習得はなかなか難しく、TOEIC 試験の 2 週間前から、毎日公式問題集や韓国模試を使ってLのみを 1 日 1 冊、通しでやりました。

　中村先生には親身にご指導いただき、オンラインでも孤独感を感じることなく進めることができました。先生のおっしゃる通り「リスニングはすぐ点になる」と実感しました。時々、本当にやる気のない時は先生の授業の録音を 10 分でも聞いて、喝を入れていました。少しでもいいから、毎日勉強することはとても大事だと強調したいです。

　パート 7 は気が向いたらやる、という感じでしたが、6 月・9 月の試験で「文法」が平均より低かったので、中村先生の『炎の千本ノック』赤・白・青（1 巻目、2、パート 5 徹底攻略）の 3 冊をやりました。Kindle でも 3 冊買い、iPhone でいつでも問題が解けるようにしておきました。

　教室で配布された先生の自作プリントも、試験 1 週間前にもう一

度解いておさらいしておきました。自作プリントの良いところは文法だけではなく、単語の復習にもなるということです。

● YouTube
　→ https://www.youtube.com/channel/UChf34qghflPrL39-4voAz9g

●ツイッター→ https://twitter.com/sumirejuku

● FB → https://www.facebook.com/sumirejuku/

●メールマガジン→ https://www.sumire-juku.co.jp/mail-magazine/

# 語彙問題
# INDEX

語彙問題の正解をアルファベット順に並べました。
チェック欄も利用して、学習のまとめ・単語の総整理にお使いください。

# 単語
# INDEX

「単語の意味」に出てくる重要単語・熟語類をアルファベット順に並べました。
チェック欄も利用して、学習のまとめ・単語の総整理にお使いください。

# T

# U

# V

# 音声ダウンロードについて

## 単語・英文が無料で聴けます

❶ 本書の見出し語と英文は、下記サイトからダウンロードできます。
www.shodensha.co.jp/dl.html
（祥伝社のサイトです）

❷ そこに「音声ダウンロード」バナーがありますので、それをクリックしていただくと、本書のページが出てきます。

❸ 本書はTOEIC対策アプリabceedにも対応しています。そちらについては下記をご覧ください。

## アプリについて

❶ お持ちのスマートフォンにアプリをダウンロードしてください。
ダウンロードは無料です。

QRコード読み取りアプリを起動し、
右のQR コードを読み取ってください。
QRコードが読み取れない方はブラウザから、
https://www.abceed.com/にアクセスしてください。

❷ 「中村澄子」で検索してください。

❸ 中村澄子先生の著作リストが出てきます。
その中に本書もありますので、音声をダウンロードしてください。
有料のコンテンツもあります。

〈ご注意〉
・音声ファイルの無料ダウンロードサービスは、予告なく中止される場合がございますので、
ご了承ください。
・アプリへのお問い合わせは abceed にお願いします。

切りとり線

★読者のみなさまにお願い

この本をお読みになって、どんな感想をお持ちでしょうか。祥伝社のホームページから
書評をお送りいただけたら、ありがたく存じます。今後の企画の参考にさせていただきま
す。また、次ページの原稿用紙を切り取り、左記まで郵送していただいても結構です。
お寄せいただいた書評は、ご了解のうえ新聞・雑誌などを通じて紹介させていただくこ
ともあります。採用の場合は、特製図書カードを差しあげます。
なお、ご記入いただいたお名前、ご住所、ご連絡先等は、書評紹介の事前了解、謝礼の
お届け以外の目的で利用することはありません。また、それらの情報を6カ月を越えて保
管することもありません。

〒101-8701 (お手紙は郵便番号だけで届きます)
祥伝社　書籍編集部　編集長　栗原和子
電話03 (3265) 1084
祥伝社ブックレビュー　www.shodensha.co.jp/bookreview

★本書の購買動機 (媒体名、あるいは○をつけてください)

| ＿＿＿＿新聞 の広告を見て | ＿＿＿＿誌 の広告を見て | ＿＿＿＿ の書評を見て | ＿＿＿＿ の Web を見て | 書店で 見かけて | 知人の すすめで |
|---|---|---|---|---|---|

★100字書評……1日1分！ TOEIC L&Rテスト 炎の千本ノック！ パート5語彙問題 860点レベル

名前

住所

年齢

職業

# 1日1分！ TOEIC® L&Rテスト

## 炎の千本ノック！ パート5語彙問題 860点レベル

令和5年4月10日　初版第1刷発行

| | |
|---|---|
| 著　者 | 中村澄子 |
| 発行者 | 辻　浩明 |
| 発行所 | 祥伝社 |

〒101-8701
東京都千代田区神田神保町3-3
☎03(3265)2081(販売部)
☎03(3265)1084(編集部)
☎03(3265)3622(業務部)

| | |
|---|---|
| 印　刷 | 萩原印刷 |
| 製　本 | ナショナル製本 |

ISBN978-4-396-61798-1 C2082　　Printed in Japan
祥伝社のホームページ・www.shodensha.co.jp

©2023, Sumiko Nakamura

造本には十分注意しておりますが、万一、落丁、乱丁などの不良品がありましたら、「業務部」あてにお送り下さい。送料小社負担にてお取り替えいたします。ただし、古書店で購入されたものについてはお取り替えできません。本書の無断複写は著作権法上での例外を除き禁じられています。また、代行業者など購入者以外の第三者による電子データ化及び電子書籍化は、たとえ個人や家庭内での利用でも著作権法違反です。

# 祥伝社のベストセラー

中村澄子

1日1分！ TOEIC® L&Rテスト
炎の千本ノック！

「時間がない。だけど点数は出したい」
あなたのための問題集です。

中村澄子

1日1分！ TOEIC® L&Rテスト
炎の千本ノック！ 2

著者が毎回受験。だから最新の出題
傾向と頻出単語がわかる。

中村澄子

1日1分！ TOEIC® L&Rテスト
炎の千本ノック！ パート5徹底攻略

高得点が欲しければ、まずパート5
です！ TOEIC対策でなぜパート
5が重要なのか？

中村澄子

1日1分！ TOEIC® L&Rテスト
炎の千本ノック！ 英単語徹底攻略

必要な単語はこれで、全部。TOE
IC に使える単語本、できました！

中村澄子

1日1分！ TOEIC® L&Rテスト
炎の千本ノック！ 文法徹底攻略

いい加減な英文法で満足してません
か？ スコアが伸びない人は文法が
わかっていない。

中村澄子
岩崎清華
山﨑健生

1日1分！ TOEIC® L&Rテスト
炎の千本ノック！ パート5語彙問題 700点レベル

パート5の5割は語彙・イディオ
ム。この1冊で必要にして十分。カ
リスマ講師が厳選した300問。